肌肉健美

训练图解

适合中国人体质的
肌肉训练书

陈林鑫　编著

北京联合出版公司

Beijing United Publishing Co.,Ltd.

图书在版编目（CIP）数据

肌肉健美训练图解：适合中国人体质的肌肉训练书 /
陈林鑫编著 . -- 北京 : 北京联合出版公司 , 2021.6

ISBN 978-7-5596-5270-6

Ⅰ . ①肌… Ⅱ . ①陈… Ⅲ . ①健美运动 – 图解 Ⅳ .
① G883–64

中国版本图书馆 CIP 数据核字（2021）第 078478 号

肌肉健美训练图解：适合中国人体质的肌肉训练书

编　　　著：陈林鑫
出 品 人：赵红仕
责任编辑：郭佳佳
封面设计：韩　立
责任校对：孟　飞
内文排版：李丹丹
图片摄影：张　默

北京联合出版公司出版
（北京市西城区德外大街 83 号楼 9 层　100088）
北京市松源印刷有限公司印刷　新华书店经销
字数 100 千字　880 毫米 ×1230 毫米　1/32　4 印张
2021 年 6 月第 1 版　2021 年 6 月第 1 次印刷
ISBN 978-7-5596-5270-6
定价：38.00 元

前言
PREFACE

　　健身可以增强力量、柔韧性，增加耐力，提高协调、控制身体各部分的能力，从而使身体更强健。健身是一项将体育和美育融为一体的、能够美化身心的运动。一般的体育活动主要增进健康，增强体质，而健身运动则不完全相同，它既要求"健"，又要求"美"，既能增强体质又能改善自己的体形体态。所以，我们在训练中不应该单纯地追求把某些局部肌肉练得大一些、壮一些。

　　在各类健身训练中，重量训练是必不可少的一项，也是近年来越来越受到男性健身爱好者青睐的一项训练。重量训练采用各种各样的动作方式，进行反复多次的负重练习，每次练习的次数几乎都要接近或达到极限，从而给肌肉以强烈的刺激，同时还能够促进新陈代谢活动，加强超量恢复过程，使全身各部位的肌肉得到最大程度的发展。

重量训练的好处是不仅能够增加肌肉力量，增加肌肉体积，还能够帮助你减脂、改善体型、强化骨骼、减少钙流失。那些长期进行规律重量训练的人，一定是身材结实、体型匀称的，他们轻盈挺拔的体态和轮廓分明、充满力量的肌肉，让他们在人群中显得身材出类拔萃。

本书首先带领读者认识自己的体型，从而制订出适合自己的训练计划。然后从热身开始，逐步对胸肌、背肌、肩膀、手臂、腹肌、股四头肌和小腿肌、臀肌群和腿后肌群等部位的训练进行了详细介绍，运动结束后的放松运动也有所提及，可谓全面而细致。书中对每一个训练动作都进行了分步示范，对训练中要特别注意的问题进行了提示，不但可以让人尽快领略训练动作的要点，达到健身的目的，还能尽可能降低运动伤害。对于每一位练习者，无论起始程度如何，都可以轻松实现自己的目标。当然，读者也可以选择自己想锻炼的身体部位进行练习。另外，本书对饮食在健身中的合理搭配也进行了介绍，让你的健身训练事半功倍。

目录
CONTENTS

1

导言

开始训练之前，你必须知道的事

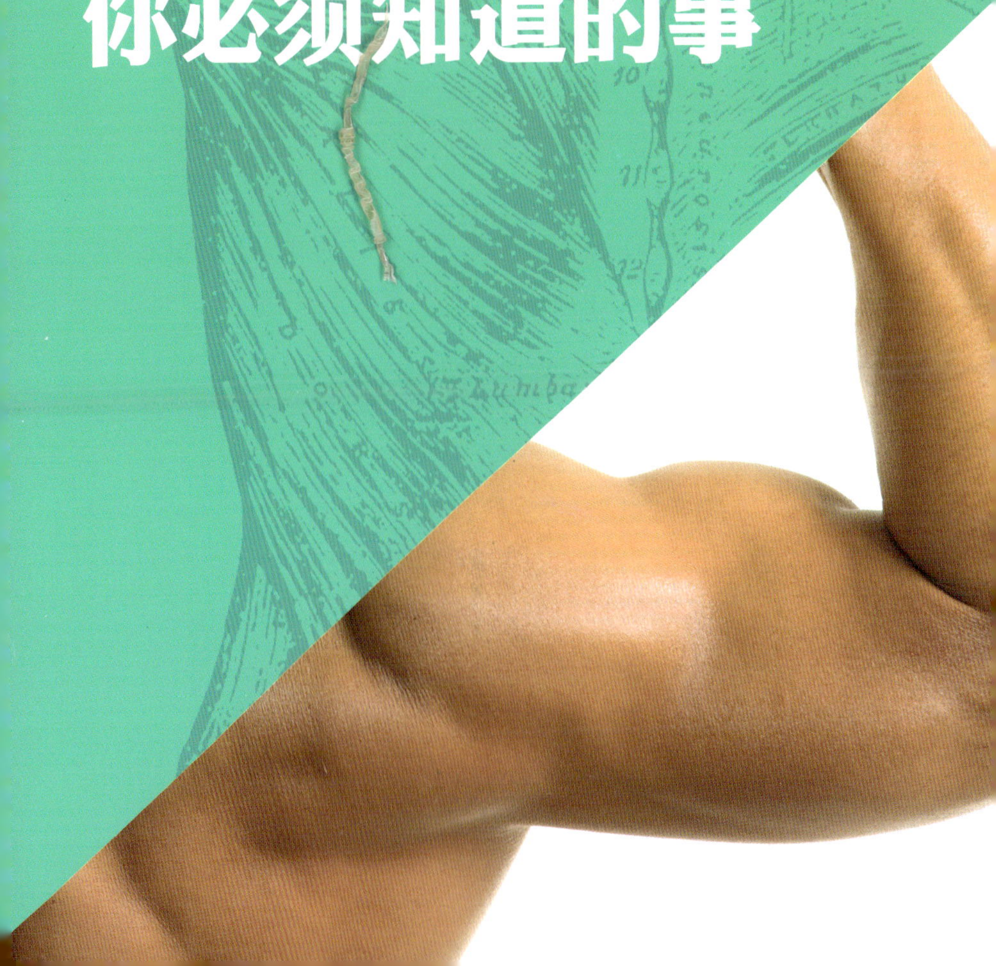

认识你的肌肉，
给你的身材打分

认识你全身的肌肉

人体大约有 650 块肌肉，它们是人体各项运动的主要参与者。肌肉分为以下三种：① 骨骼肌：附着于骨骼的横纹肌，至少会跨过一个关节；② 平滑肌：无横纹的不随意肌，主要分布在器官与血管处；③ 心肌：由横纹肌纤维组成，主要分布在心脏部位。这三种肌肉有着不同的解剖结构与生理功能。

如果给肌肉施加一定的压力，肌肉就会变大，我们将这种现象称为肌肉的适应性，因为肌肉会自行为下一次压力的施加做准备。这也意味着将肌肉处于规律而长久的压力之下，它就会逐渐适应这种压力，从而变得越来越大，越来越强壮。

在重量训练中，我们锻炼的基本上都是骨骼肌，骨骼肌有以下三种类型：

① 慢肌纤维 / 红肉：有很高的抗疲劳性与氧化反应的适应性。主要用于有氧运动。

② 快肌纤维 / 白肉：属于媒介纤维，有较大的体积与力量。

③ 红肉与白肉的混合体：可产生大于慢肌纤维的力量，但其对氧化反应的适应性较低，而且很快会疲劳。

其中，快肌纤维有密集的神经，因此，其反应较快；慢肌纤维则相反，但其线粒体数量多，因此对氧化反应有很强的适应性。

下面再为大家详细介绍十几种最常见的肌肉和肌肉群：

① 胸大肌

位于胸前皮下，为扇形扁肌，范围大，分为胸上肌和胸大肌两部分。其功能是使上臂向内、向前、向下和向上；臂部向内旋转。可通过所有角度的卧推、所有角度的飞鸟、双臂屈伸、仰卧上拉、俯卧撑、重锤双臂侧下拉来训练。

② 肱二头肌

位于上臂前侧，其功能是弯曲肘部。握拳，放下前臂，使前臂向前弯起至肩部。训练方法有各种方式的弯举、划船动作等。

③ 前臂屈指肌

前臂肌分布于尺骨、桡骨周围，分前群（有屈肘、屈腕、屈指和使前臂旋前等作用）、后群（有伸肘、伸腕、伸指和使前臂旋后等作用），数目众多，大多为长肌，其肌腹多集中在前臂上半部，下半部则形成细长的肌腱。许多肌腱可在腕前、后面皮表清楚地摸到。采用正缠重锤和正握负重腕屈伸等练习可发展此肌肉。

④ 斜方肌

位于颈部和背部的皮下，一侧呈三角形，左右两侧相合构成斜方形，称为斜方肌。其功能是上举和放下肩带骨；移动肩胛骨；头部倒向后和侧面。可通过耸肩、力量上举、侧平举、划船动作来训练。

⑤ 三角肌

位于肩部皮下，是一块呈三角形的肌肉，肩部的膨隆外形即由该肌形成。两侧肌肉纤维呈梭形，中部纤维呈多羽状，这种结构的肌肉体积小且具有较大的力量。它的功能是使手臂举到水平位置；手臂分别向前、中、后举到一定方向的高度。可通过各种哑铃和杠铃推举、卧推（前束），

斜方肌

三角肌

胸大肌

肱二头肌

腹内斜肌

腹直肌

屈肌

股四头肌

前锯肌

肱桡肌

腹外斜肌

肌肉健美训练图解

适合中国人体质的肌肉训练书

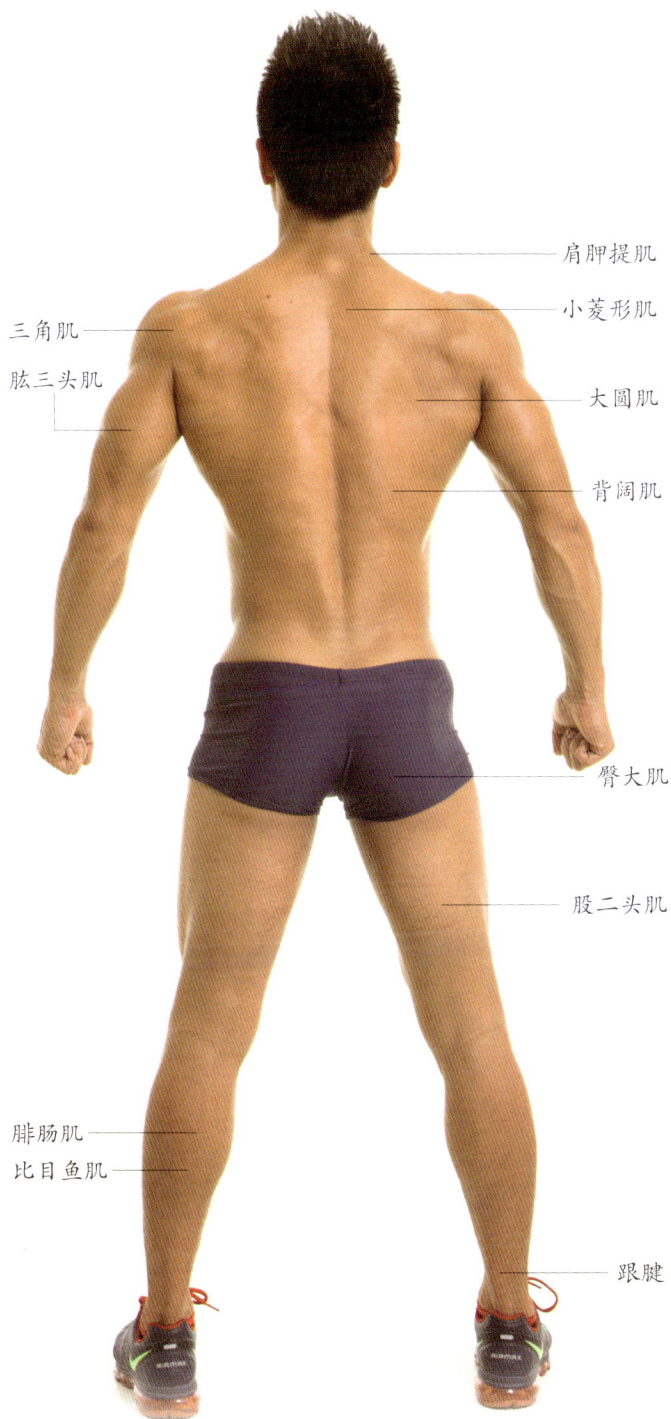

肩胛提肌

小菱形肌

三角肌

肱三头肌

大圆肌

背阔肌

臀大肌

股二头肌

腓肠肌

比目鱼肌

跟腱

哑铃上举到前、后和背后，引体向上来训练。

⑥ 肱三头肌

位于上臂后面皮下，其功能是使双臂伸直和拉向后方。可通过臂屈伸、屈臂下拉、近握仰推、各种手臂屈伸动作、划船来训练。

⑦ 肱桡肌

位于前臂肌的最外侧皮下，呈长扁形。近固点时，可使前臂屈；远固点时，可使上臂向前靠拢。采用负重弯举和引体向上等练习可发展该肌肉的力量。

⑧ 肱肌

位于肱二头肌下半部的深层。起于肱骨体下半部前面，止于尺骨粗隆。作用是为屈肘。训练方法同肱二头肌。

⑨ 背阔肌

位于腰背部和胸部后下侧的皮下，是全身最大的阔肌。上部被斜方肌遮盖。其功能使手臂拉向下和后、肩带下压、躯干侧向一边。训练动作是各种方式的引体向上、重锤下拉、划船动作、仰卧上拉。

⑩ 上背肌群（大圆肌、小圆肌、冈下肌、菱形肌）

位于人体上背部。可使手臂向内和向外旋转，手臂向后划，肩胛上升、旋转、向下。训练动作有深蹲、硬拉、划船等。

⑪ 前锯肌

位于胸廓的外侧皮下，上部为胸大肌和胸小肌所遮盖，是块扁肌。其功能是使肩胛下转，使肩胛拉向一侧，帮助扩展胸部，帮助两臂举过头部。训练动作为仰卧上拉和站立推举。

⑫ 核心肌

由上腹肌和下腹肌两部分组成。位于腹前壁正中线的两侧。其功能是使脊柱向前弯曲，压缩腹部，压迫肋骨。训练方法是各种仰卧起坐，直腿上举。

⑬ 臀大肌

臀大肌包括肌腹、肌腱两大部分。训练动作为臀部伸展、向后抬腿、向外伸腿、下蹲等。

⑭ 股四头肌

股四头肌有四个头，四个头向下形成一个腱，包裹髌骨后，延续为髌韧带，它是全身力量最大的肌肉块，它分为内侧群和后群，由股内侧肌、股外侧肌、股直肌等几部分组成。其功能是伸膝关节。训练方法为深蹲、腿举、腿屈伸等。

⑮ 股二头肌

位于股四头肌后面，其功能正好与股四头肌相反，是屈膝关节。训练方法为俯卧腿弯举、直腿硬拉、腿举、肩托深蹲等。

⑯ 小腿肌

位于胫、腓骨的周围，分为前群（由胫骨前肌和长伸肌和趾长伸肌组成）、外侧群（由腓骨长肌和腓骨短肌组成）、后群三个肌肉群。其作用是使踝关节背屈使足内外翻。其训练方法为各种提踵练习。

看看你是什么体型

体型是指人体外形特征和体格类型。形体不同的人其身体形态特征也不同，无法从一而论。体型分类就是对不同特点的体形和体格进行类别划分。从古至今关于体型分类的方法和标准很多，下面介绍美国谢尔顿博士根据胚胎学理论提出的体型分类方法——胚叶体型划分法。

根据谢尔顿博士的理论，人的体型可分为以下三类。

1. 内胚叶体型

整体特征：整个身体外形浑圆丰满，肌肉松弛，行动较为迟缓。

局部特征：胸脯厚实，脸宽颈粗短，大腿、臀、腹、颈部、肩部、上臂等部位都可看见明显的脂肪堆积，手、脚短小，皮肤软而光滑。

内胚叶体型的人适合经常做的运动是慢跑、游泳等有氧训练。

2. 中胚叶体型

整体特征：中胚叶体型的人肌肉壮硕，拥有极为发达的倒三角形肌肉，常会给人一种运动员的感觉。这种体型的人通常精力充沛，而且没有体重方面的烦恼。

局部特征：头大，肩宽，胸部发达，臀部瘦小，前臂、小腿粗大，皮肤粗厚有弹性。

中胚叶体型的人体格很好，手臂和大腿的肌肉发达，整体展现出力与美。中胚叶体型的男性体格最接近标准的 V 字型，有强壮的肩膀、胸膛，以及窄腰。身体的肌肉较多较发达，适合做短跑、橄榄球、体操等多项运动。

3. 外胚叶体型

整体特征：身材瘦长纤细，没有壮硕的肌肉，看起来缺乏活力和体力。外胚叶体型的人极易有体重过轻与缺乏曲线的烦恼。

局部特征：两肩塌陷，腹部平坦，小腿长，颈和手指纤细，蛋形长脸，皮肤薄而干燥。

外胚叶体型的人由于新陈代谢快而不容易增加体重，肌肉量可能偏低或基本达到标准，但可以通过重量训练改善。另外，他们的脂肪量较一般人低，身体轮廓不但细长且有棱有角。外胚叶体型的人适合做长跑、打篮球，以及其他多种可利用手脚细长和体重轻之优势的运动。

值得注意的是，人们通常不会完全符合某一类型的特征，多数人都是倾向某一型，却同时拥有另一类型的某些特征。不管你最接近哪种类型，最好的方式是针对原体型做一些改善，而不是强迫改变自己的体型。

我们只能在自己的身体基础上改善体型，而不能真正改变体型。

了解重量训练的一切

关于重量训练

重量训练，也称负重训练，是以增加肌肉强度及体积为目标的运动训练。通过不同部位骨骼肌组织的收缩所产生的力量来抗衡器械的重量或阻力，从而使肌肉得到锻炼。针对不同的肌肉群，有不同的重量训练动作。广义的重量训练包括徒手训练（即自重训练）、器具训练以及机械式机器训练。

对大众健身者来说，重量训练是可以随时随地进行以及变换训练方法的最佳训练模式。它有以下两个方面的好处：

1. 肌肉系统方面

对于人体来说，重量训练会对"肌肉系统"产生影响；当我们实行重量训练时，可以增加肌肉内肌蛋白的形成，这些增加的肌蛋白将促使人体形成大量且肥大的肌肉纤维，进而形成肌肉量变多、增大，最后增加肌肉收缩的力量，促成整体肌肉的发展与平衡。

2. 骨骼系统方面

由于肌肉受到重量训练施予的压力，身体会将压力部分转移到结缔组织（即肌腱和韧带）与骨头上，这些压力将促使肌腱和韧带产生更多的胶原蛋白，并且增加骨骼的密致性，使得整体结构上的力量增加，并强化骨骼组织构造。

我们运用重量训练来发展强而有力、具有整体感的肌肉适应力，对于自己本身是一个非常理想的选择。但要注意的是，我们并不都会成为

健美比赛或是竞技的选手，所以我们从事重量训练时，除了要增进运动表现及强化运动的能力，还要注意预防运动伤害。

重量训练，需要注意的问题

与举重或健美运动不同，重量训练并不是一种独立的运动项目。作为一种精密的运动科学，其中包括不同的要素，如负重量、动作质量、重复次数、组数以及训练间隙的休息时间等，这些要素都会对训练的结果产生影响。

所以，在开始重量训练之前，以及进行重量训练的过程中，我们都要注意以下几点：

1. 了解器材的功能

我们实施重量训练之前，必须先了解重量训练器材的主要使用肌群、机器运用的整体动作与调整、操作机器的正确动作与流程，并需注意安全装置。

2. 动作的正确实施

重量训练的动作实施，必须以正确的技巧并且配合熟练轻松的动作为主，熟练后再加强重量负荷，慢慢地完成整个关节的活动，达到训练的目的。

3. 对称平衡训练

对于促进肌肉适能的重量训练，我们主要以平衡左右两边的对称肌群为主。例如，训练作用肌群——拮抗肌群或是作为身体支撑的稳定肌群——支撑肌群等，都是借由训练加强对称部位的协调、平衡训练。

4. 训练重量和重复次数

进行重量训练时的重量和重复次数，可以用最大重复次数（RM）来表示。例如，10RM 的意思是该重量仅可以被连续重复 10 次，这个数值可以在训练的初期以尝试的方法找出来。

一般来说，锻炼肌肉力量，应采用重量较大而重复次数较少的模式（如 2RM 至 6RM）；锻炼肌肉耐力，则采用重量较轻而重复次数较多的模式（如 15RM 或以上）。而且在进行重量训练时，不应只从事一组练习（如 10RM），要想达到理想效果，必须把每种练习都做上 3～5组，并且组与组之间要有 1~3 分钟的休息时间。当身体适应了原来的重量后，就可以循序渐进地增加重量。

5. 训练目标的设定

从事重量训练的目标设定，主要有

针对肌力、肌耐力、肌肥大以及体态重塑等目标，而这些不同的训练目标的设定将根据个人要求的情形而设定，并考虑训练的特殊性。

6. 训练课程规划

我们的训练目标设定之后，将根据目标的内容来做规划，而其中特别要注意的是反复次数、组别和负荷的训练内容与流程执行，因为它们将影响训练的实质内容以及整体的训练内容的规划。

7. 训练方法变项

重量训练的变项与方法有很多，例如变项当中有次数、组数、负荷重量及最高重复次数等；而训练方法则有很多的变化，要看如何运用变项与方法配合。例如，金字塔训练（pyramid system，根据训练的负荷重量与次数的关系而定）、超组训练（super set system，针对训练肌群的超过多组式的强迫性肌力训练）、燃尽式训练（burn out system，当肌肉非常疲劳时继续训练的方式）等，都是很好的训练方法。

8. 超负荷的原则

为了提高肌力、肌耐力所实施的超过平时最大能力的训练，并借由增加训练的相关变项的负荷以及次数，使得肌肉系统因训练内容而获得相对性的增大和进步，便称为超负荷的训练。

9. 渐进式的原则

在进行重量训练一段时期之后，肌肉会逐渐适应所承受的重量负荷，因此我们必须慢慢地增加训练的负荷量，等到逐渐熟练之后便可改变训练的内容，并且渐渐地加强训练。

10. 特殊性的原则

根据训练的原则，我们必须了解运动的种类及项目，再依据运动肌群、能量系统、肌肉的运用形态与动作的技巧及速度，来调整训练特殊性的内容。

　　此外，在重量训练中，还有几点必不可少的注意事项，要在这里重点提醒大家：

　　① 必须经过有资格的体育教师或教练员指导后，才可进行重量训练。

　　② 不要独自进行重量训练，以免发生事故时无法及时得到援助。

　　③ 进行重量训练前要有足够的热身运动。

　　④ 进行重量训练前要先检查好器械是否已经安装妥当、性能是否良好。

　　⑤ 初学者至少需利用两星期的时间熟习正确的动作，并让身体适应新的刺激。在这期间，重复次数应在 15 ~ 20RM 为宜。

　　⑥ 每次进行重负荷的重量训练前，应先以较轻的负荷做一组，让相关肌肉得到充分的准备。

　　⑦ 开始动作时应呼气，还原动作时应吸气，不宜闭气进行重量训练。

　　⑧ 应穿上薄底或平底的运动鞋，以保护足部，并增强身体的平衡能力。

　　⑨ 进行重量训练时要集中精神，特别是当运动速度较快时，以免因失去控制而受伤。

　　⑩ 锻炼进行中如发生胸口痛、呼吸不正常、头晕、持续性关节痛或肌肉痛、呕吐等现象，应立刻停止练习。

塑造完美身材的关键

关于健身，有各种各样的说法，置身其中的你有时可能会茫然，不知如何选择。当然，为了获得好的健身效果，接受正确的建议和信息十分必要。

要想塑造完美身材，让自己变得健美，就不可不知下面几个关键点，缺少任何一个都会让你的健身之路荆棘重重，或是事倍功半，严重挫伤你的信心。

第一，专心至上。对于健身来说，专心实在是太重要了。许多人在健身的时候，没有把心绪集中在所要锻炼的部位或是该做的动作上，而是不该用力的地方用力，练错肌肉。比如要练胸肌，结果分心练到三头肌，最后变成胸小、手臂却过大的大力水手派，样子就很滑稽。专心才能做对动作，才不会造成运动伤害。

第二，有恒心、有毅力。健身贵在持之以恒，只要不偷懒，一定会开花结果的。如果你是坚持去健身房的人，每次一个半到两个小时，每周三到四次；如果是自己在家练，每天半个小时到一个小时，就很不错了。

第三，时刻保持冷静。许多人做运动的时候，由于要用全力，以至于表情"丰富"，牵动一脸的肌肉，然后再生出一脸的皱纹。健身时，一定要冷静，做运动时应尽量保持"面无表情"，专注于要锻炼的肌肉上，这样就能让你的脸幸免于加速老化的命运。

第四，注意呼吸的节奏。呼吸是运动中最重要的一环，通常你会听到两派说法，一派是做任何动作，接近心脏时要呼气，离开心脏时要吸气；另一派是自由呼吸。其是，哪一种呼吸方法都可以，只要自己觉得气顺就好！

第五，不要急功近利。不管是负重的能力还是动作的次数，都不能硬撑。许多人总想多做一点，快点达到目标，这样是相当危险的。如果你已经不能再负重了，还要多加重量，或是已经累得不行了，还要多做几下，这种硬撑造成的运动伤害的后果常不堪设想。运动的量和次数都要以自己感到舒服为宜。

第六，在心中设一个"假想敌"。这是一门艺术。人一定要有一个活生生的假想敌来激励，才会有进步的动力，才会更有成就感。这个目标最好是你身边的人，是你觉得不错又不会太难达成目标的人。不要好高骛远，把施瓦辛格当假想敌，那你只会活在不断的挫败中。等到打败第一阶段的假想敌后，再寻找下一个难度更高的目标。

第七，健美先生也要轮休。健身最忌讳的就是让同一部位的肌肉不间断地运动。一定要让运动过的肌肉部位休息 48 个小时后，再去练它。因为没有休息的肌肉是不会长出完美的形状的。不间断的练习，只会将肌肉拖垮，让它更快进入疲倦期。所以我们在进行训练前一定要排好日程表，比如今天练胸肌和背肌，明天练肱三头肌和肱二头肌，后天再练大腿肌和臀肌等。

健身饮食的重要性

配合饮食，调理出健美身材

1965 年，第一届奥林匹克先生拉里·斯科特说："健美百分之九十来自营养。"1993 年，肖恩·雷也有同样的说法："我可以轻而易举地、愉快地完成力量训练和其他训练，但是饮食及辅助食品的补充则要有一定的规则。"由此可见，多么完美的健身计划都离不开饮食的配合，下面为大家总结整理了几点关于运动的营养规则，希望大家能够根据不同阶段的不同营养需求，制订出适合自己的营养补充计划。

1. 运动前的营养

我们的身体将储存的肌糖原作为一种能量来源。要想获得肌糖原，让其作为能量为身体所使用，就需要从食物中获取。如果运动前不进食，身体中没有储存一定的血糖和肌糖原，运动量增大后，就会难以达到锻炼的效果。饭后不久就进行运动的话，消化系统会受到过大的压力，可能会导致胃痉挛，身体也难以完成训练动作。因此，运动前补充一些易于消化的碳水化合物，可以保持血液中的糖原，使身体保持一种很好的训练状态。

哪些是容易消化的碳水化合物呢？比如土豆、红薯、面条等，还有单糖碳水化合物，如苹果、香蕉、橘子等水果，以及一些具有不同功能和效用的运动饮料。补充含有大量碳水化合物的食物有益于快速消化和长时间运动，而不间断的能量供应也有利于训练动作的顺利完成。

2. 运动中的营养

　　在运动过程中，交感神经和情感的张力会抑制胃的消化液分泌和减少运动能力。因此，在运动的过程中适量地补充一些营养会起到很好的效果。有人认为，为了减掉脂肪，在重量训练时应刻意不喝水。实际上，适量地补充点水分是很有必要的，它会在人们锻炼的时候把人体表面的废弃物排走，对身体健康很有帮助。必要时可以在运动中补充少量蜂蜜、果汁，以及水或矿泉水，这些对大量消耗热量的运动是很有帮助的。

3. 运动后的营养

　　运动后锻炼产生的乳酸会不断积累，在糖原耗竭和缺氧的情况下，容易导致肌肉损伤和肌肉疲劳，人体的水分的流失，以及矿物质、电解质、糖原的消耗。此时，我们的身体会渴望恢复，这时候补充营养物质，能帮助其恢复并吸收必要的营养。因此，运动后身体会容易消化和吸收液体状态的果汁、蛋白质等。如果用香蕉、苹果、草莓搅拌而成的果汁替代，也是不错的选择。

4. 睡前营养

　　睡前吃什么？白天锻炼，直到晚上上床睡觉，才是一天锻炼的结束。人体在睡眠时的新陈代谢依然活跃着，能影响到我们肌肉增长的进度。特别是分泌的激素，可使肌肉得到增长。所以在睡前补充蛋白质——豆浆、水煮鸡蛋等，会对肌肉增长有所帮助。

不可不知的十大饮食原则

在减脂训练期间，控制好饮食是十分重要的一件事情。有些朋友训练时很刻苦，可是训练结束后就大吃大喝。当摄入的总热量大于运动消耗的热量时，不但不能减脂，体重反而会上升。所以在艰苦训练的同时应该按照一定的饮食原则，制订出一套适合自己的饮食计划，下面的这十条原则，可以帮助我们控制好饮食。

① 不训练的当天，摄入热量不超过 1500 千卡。

② 训练当天总热量摄入不要超过 2000 千卡。

③ 营养成分比例为：脂肪 15%～20%、蛋白质 10%～15%、碳水化合物 55%～70%。

④ 少食多餐，每天约 5～7 餐。减少脂肪堆积到体内的可能。

⑤ 不要依靠节食来减体重。节食会消耗掉更多的肌肉，降低代谢水平。

⑥ 大量饮水，如运动前感到饥饿，可选择食用含高水分的水果（苹果或橙子）。

⑦ 最好不要饮酒，酒精热量高，一般的运动很难消耗掉。

⑧ 尽量减少零食的摄入，特别是热量高的甜品。

⑨ 将自己喜欢的且热量低的食物加入到饮食计划中，这样更容易保证饮食计划的顺利进行。

⑩ 晚上 9 点以后，如感到饥饿只能喝水，不能吃任何食物。

坚持上述的饮食原则，加上专业的训练，你的体型会发生非常明显的变化。减脂的路虽然很漫长，但是如果从生活中的一点一滴做起，不久惊喜就会接踵而至——达到自己最满意的效果。

健身八大饮食误区

健身中的饮食营养十分重要，下面为大家详细介绍健身中常见的八大饮食误区，希望对大家的健身活动能有所裨益。

1. 饮食过量

过多的热量摄入会造成脂肪堆积，过量的饭食就是首要的错误饮食方式。经过艰苦训练而获得的强健肌肉，如果被一层厚厚的脂肪所覆盖，会是一种什么样的感觉呢？

显然，超重了就要少吃，少吃才能降低体重。需要注意的是，如果你只是吃得少了，却仍保持原来的饮食结构，结果体重是减轻了些，但肌肉所占的比例没有变。

要想减少脂肪，保持肌肉健壮，除进行有氧运动外，还要讲求合理营养，要摄入一定数量的蛋白质、碳水化合物和脂肪，并学习一些营养知识。要了解食物所含的营养素，掌握营养标准。

为了增加肌肉，你需要蛋白质；为了保持精力和运动能力，你需要碳水化合物；为了减掉脂肪，获得身体外形的改观，你需要一定数量的营养。但不可超量，应了解足量和超量的区别。每个人都不一样，要自己尝试。

2. 饮食不足

　　饮食不足与饮食过量具有同等的危害性。如果饮食中缺乏正常的营养，就不可能练出健美的肌肉。足量的蛋白质、碳水化合物、脂肪是肌肉训练所必需的。

　　你需要高质量的食物来增长肌肉，需要大量地摄取这类食物。一个具有正常心血管功能的健美训练者，因为有额外的新陈代谢需求，所以要有额外的营养补充。

3. 过量的脂肪和糖

　　脂肪是热量最高的食物，每克可以产生 9 千卡热量，而且是最难消化、最易储存的物质。尽管身体组织需要一些脂肪，但需要量很少，一般低脂食物所含的脂肪已足够用了。

　　糖在体内最易转化为脂肪，而且低脂食物也可能含糖，多吃后同样会转化为脂肪。一些运动饮料、运动营养品都含糖，不能多吃多饮。总之，每天脂肪的摄入量不得超过总热量的 15%。

4. 饮水不足

在人体中，水的比重约占 70%，水分子参与全身的新陈代谢。多饮水可使微血管保持清洁、畅通。适量饮水不但可以清洗身体细胞，还能促进肌肉细胞的修复。每人每天以喝 2.3 升水为宜。

5. 食物搭配不当

不平衡在现今世界无处不在，饮食也不例外。营养学家所说的食物平衡与健美界所说的食物平衡有所不同。健美界认为最理想的饮食平衡是吃精蛋白质，含淀粉和纤维素的碳水化合物，少许脂肪，比例要因人而异。

有些人对碳水化合物敏感，不能多吃含淀粉的碳水化合物，不然就会使皮脂增厚；有些人吃土豆和米饭效果很好。人体的新陈代谢功能因人而异，进食比例可以自己调整，大致是：50% 碳水化合物，35% 蛋白质，15% 脂肪。我们的目的是减少脂肪，增加肌肉。怎样做到 50 : 35 : 15 呢？最简单的办法就是拿一个盘子，盛一半的米饭或土豆、番薯，另一半盛鸡腿、鱼或牛肉，不必担心 15% 的脂肪从哪里摄取，上述食物已含有足够的脂肪了。

6. 忽略最佳的进餐时机

为了保证肌肉生长的同时不增加体脂，你必须要注意两顿饭：早餐和训练后的加餐。这是一天中最重要的两餐，决定了你能否成功增肌或者与之擦肩而过。我们可以通过这两餐，摄入更多的碳水化合物、蛋白质和少量脂肪。

通过一顿丰富的早餐，我们的身体会释放能促进合成代谢的一些激素来促进肌肉的生长，同时，也会抑制促进分解代谢激素的分泌。训练后加餐的意义也很大，训练后的肌肉像个真空吸尘器，它会尽可能地吸收所有的营养来促进肌肉生长，阻止身体储存脂肪。与此相反，如果在早餐和训练后吃得不够，将会使健身效果大打折扣，同时也会降低代谢率。你可知道代谢率降低意味着什么吗？——发胖！

7. 依赖减肥食物

为达到增肌的目的，有的人可能会摄入鸡胸肉、鱼肉和鸡蛋白等富含蛋白质的低热量食物，并且摄入大量蔬菜来抑制食欲。因此，许多健美爱好者希望在增重阶段通过膳食来保持较低的体脂水平。然而事实上他们往往看不到显著的肌肉增长。为什么呢？原因就在于睾酮。脂肪摄入过少可能导致睾酮水平的下降。出乎意料的是，富含纤维的蔬菜也会干扰睾酮激素的代谢，这就导致了肌肉增长缓慢。

所以，正确的食物选择应该是瘦牛肉或混合了鸡蛋白的鸡蛋（半个全蛋和半个蛋白，比如吃 2 个鸡蛋，去掉 1 个蛋黄），也可以选择蛋白粉进行蛋白质的补充。同时你也不必对低脂酸奶、牛奶、奶酪等心存芥蒂，它们将促进你的恢复能力及肌肉生长能力，并帮你达到最终目的。

8. 忽略重要的氨基酸

有三种氨基酸比其他氨基酸更为重要，那就是支链氨基酸，包括亮氨酸、异亮氨酸和缬氨酸。支链氨基酸有助于修复肌肉在刻苦训练后的严重损伤。训练前后服用支链氨基酸，将保护肌肉免受分解、撕裂和刺激，间接地促进肌肉生长。支链氨基酸中的亮氨酸是最重要的，它不仅能促进"肌肉生长的催化剂"——胰岛素的分泌，而且能直接作用于肌肉细胞，促进肌肉生长。建议你尝试在训练前后服用 5 ~ 10 克支链氨基酸复合补剂，或者直接服用 5 ~ 8 克亮氨酸。

第一章

热身运动：让身体兴奋起来

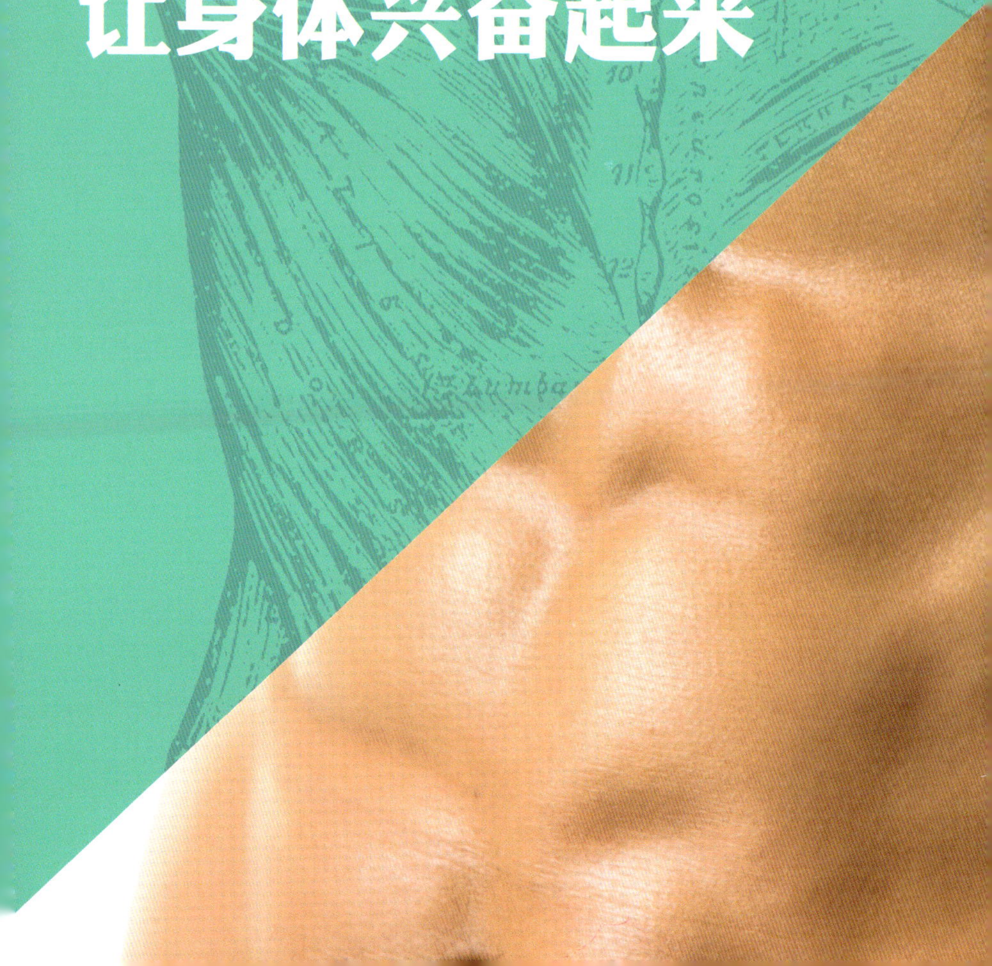

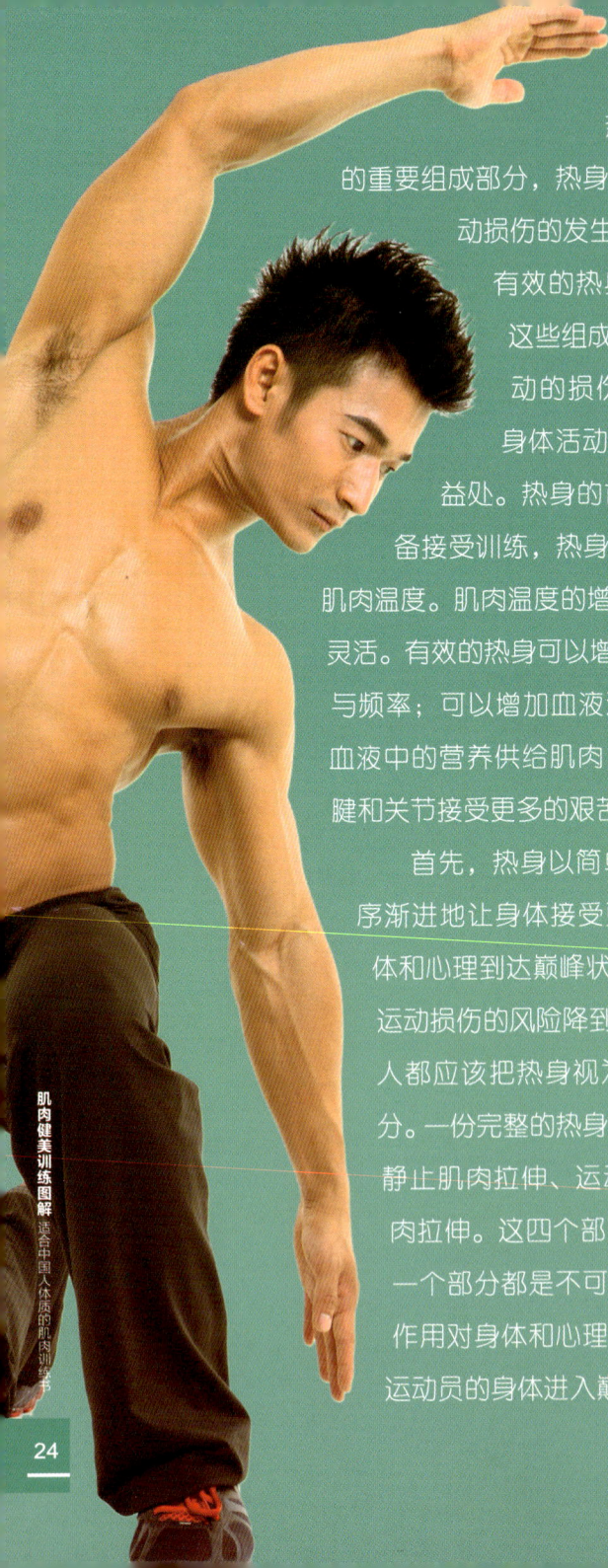

热身运动是任何运动训练的重要组成部分，热身的重要性在于可以避免运动损伤的发生、减少损伤的风险系数。有效的热身包含许多重要的元素，这些组成元素的共同作用才使得运动的损伤风险降到最低。热身是身体活动之前进行的运动，有很多益处。热身的首要作用是让身心做好准备接受训练，热身帮助身体增加核心温度、肌肉温度。肌肉温度的增加可以使肌肉更松弛，更灵活。有效的热身可以增加心率，以及呼吸的深度与频率；可以增加血液流量、血液中的氧气，将血液中的营养供给肌肉，这些可以帮助肌肉的肌腱和关节接受更多的艰苦训练。

首先，热身以简单和轻松的动作开始，循序渐进地让身体接受更高强度的训练，促进身体和心理到达巅峰状态，尽可能地使身体遭遇运动损伤的风险降到最低。因此，每个运动的人都应该把热身视为自己实行目标的重要部分。一份完整的热身运动应该包括：一般热身、静止肌肉拉伸、运动专项的热身、动态的肌肉拉伸。这四个部分都很重要，其中的任何一个部分都是不可忽略的！这四个部分共同作用对身体和心理产生积极的影响，从而使运动员的身体进入巅峰状态。

肌肉健美训练图解 适合中国人体质的肌肉训练经书

开合跳

1 双脚微微分开站立，双手自然垂于身体两侧。

2 双臂高举过头，向上跳，同时双脚分开，落地。快速重复以上动作。

第一章　热身运动：让身体兴奋起来

交互开合跳

❶ 双腿交错站立，右腿在前，左腿在后。同时，左手向上举，右手向后挥。

❷ 左右腿交互跳起，落地时，左腿在前，右腿在后。双手也交互挥举，左手向后挥，右手向上举。

肌肉健美训练图解

适合中国人体质的肌肉训练书

蹲站伸腿

重心放在
双手上

如果想加大难度，
可以做一个俯卧撑。

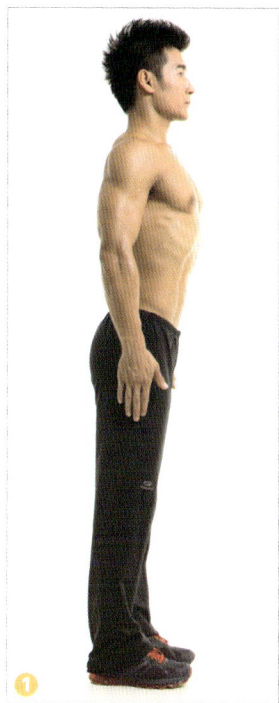

1 站直，双脚微微分开，手臂垂于身体两侧。

2 膝盖弯曲，身体下沉，双手手掌撑地，呈蹲下的姿势。

3 双手撑地，双腿向后蹬直，呈俯卧撑起始姿势。

4 快速缩回双腿，回到第二步的下蹲姿势。接着，迅速站直，回到起始姿势。重复以上动作 5~6 次。

手臂交错运动

此动作能够改善肩膀的灵活度。

1 左手在上，拇指向上张开，掌心朝前；右手在下，两手所成直线与地面成45°。

2 双臂在身体前方交叉，左手在下，右手在上。如此反复交错双手位置，并逐渐加快速度。

45°

颈部旋转

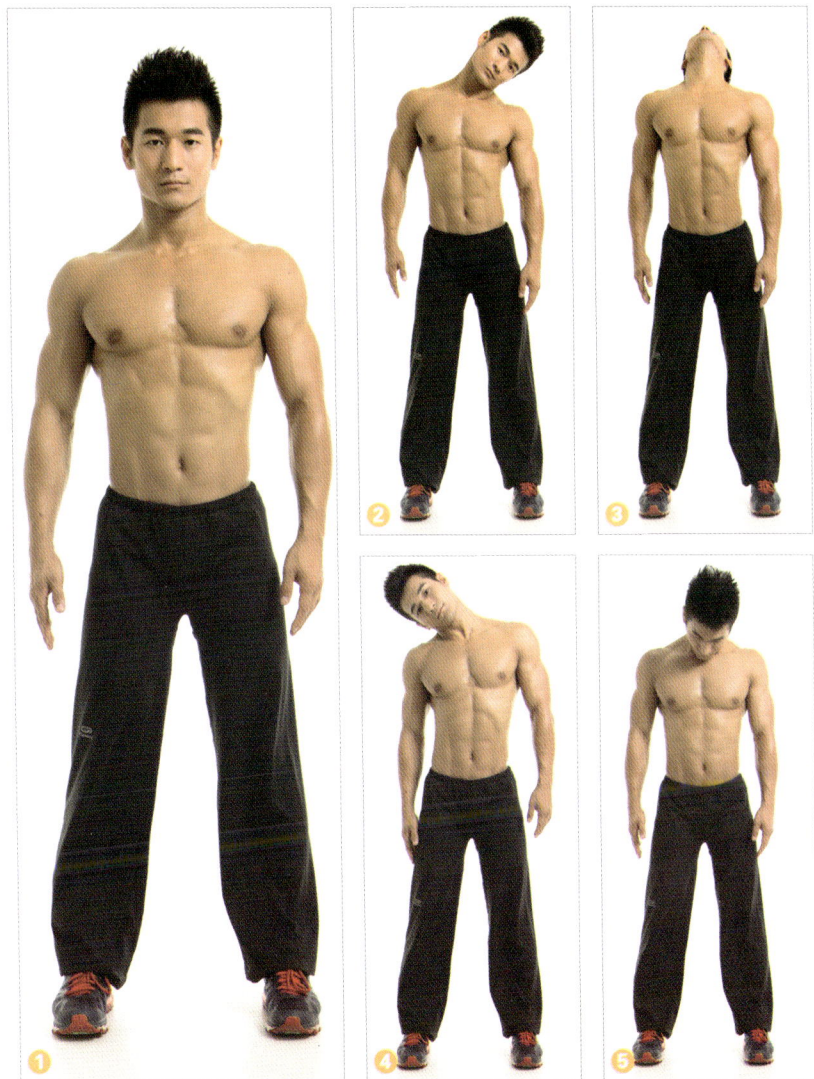

此动作能够增强颈部的灵活度。

① 站直，双脚分开，与肩同宽。

② ~ ⑤ 按逆时针方向，颈部从左往右绕环，绕 10~15 圈后，反方向继续绕环，绕 10~15 圈即可。

侧躺胸部旋转

此动作能够放松中上背的肌肉。

1 向左侧身躺在地上，双腿并拢，膝盖弯曲成 90°，同时大腿与躯干也成 90°。双臂伸向身体前方，与肩膀同高，双手手掌合并。

2 身体转向右侧，左臂和双腿保持不动，直到右臂和上背部平贴于地面。停顿 1~3 秒，回到起始姿势。重复数次后，翻转身体，向右侧身躺于地上，完成相同动作。

❶

手臂、肩膀贴地。

❷

肌肉健美训练图解

适合中国人体质的肌肉训练书

上下肩部伸展

此动作可以放松肩旋转肌，加强肩膀的灵活度。

1 双脚分开，与肩同宽，右手从肩部伸向后背，左手从下方伸向后背，两手交扣。坚持 10~15 秒。双手放开，位置互换。

2 变化：如果双手后伸不能交扣在一起，可以拿一条毛巾作为辅助，双手各抓住毛巾的一端。

肩部绕环运动

此动作能够增强肩膀的灵活度。

1 站直，双脚分开，与肩同宽，双臂自然垂于身体两侧。

2 ~ 3 身体其他位置保持不动，肩膀从后向前绕，接着再由前向后绕，各 10~15 次。

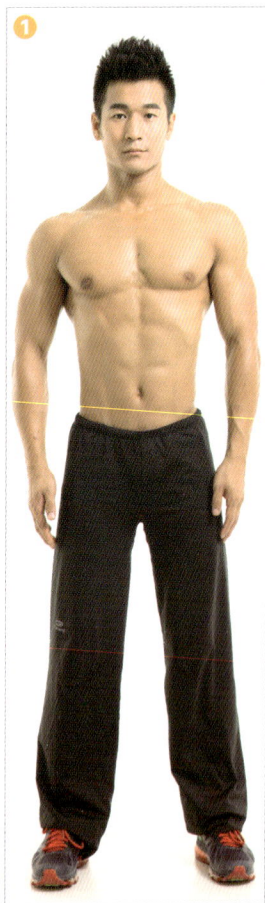

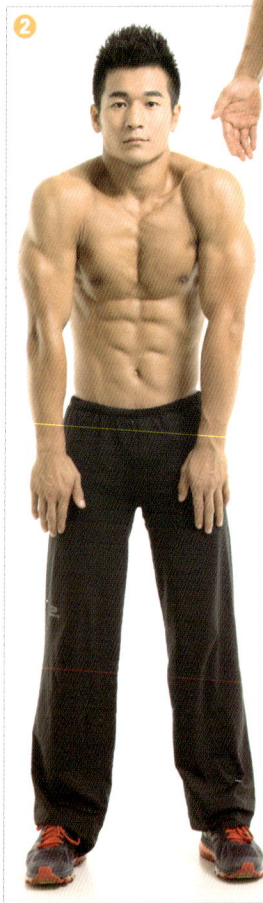

弓步旋转

此动作能够加强臀部的灵活度，让臀部肌肉和上身肌肉群相互协调。

1 双脚微微分开站立，双臂自然垂于身体两侧。

核心肌绷紧

2 左脚向前迈出一步，右脚跟抬起。上身挺直。

3 双腿弯曲，成弓步，同时身体向左侧旋转。停顿1~2秒后，站起，回到起始姿势。换右腿向前迈出，身体转向右侧。

大腿后抬

此动作能够放松大腿后部的肌肉。

1 站立，左腿膝盖微微弯曲，右脚微微离开地面。

2 左腿姿势不变，右腿抬起的同时上身向前倾，直到右腿和上身与地面平行，双臂向后伸展，稍稍停顿，回到起始姿势，换右腿站立，左腿后抬。

左右摆腿

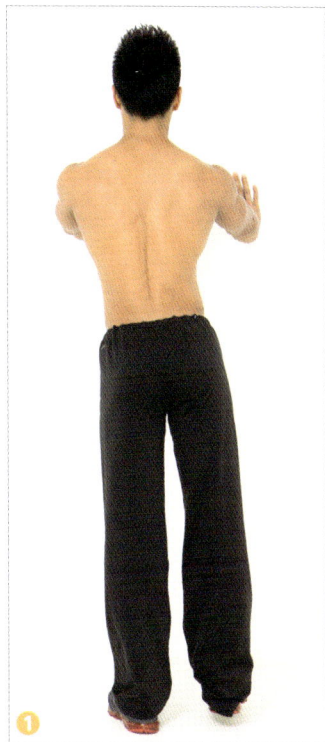

此动作能够放松髋内缩肌和大腿内侧的肌肉。

1 身体站直，双脚微微分开，双手扶住一个固定物体，如墙壁、书架、单杠等。

2 右腿绷直，尽可能高地向左摆腿。左腿和上半身姿势不变。

3 右腿尽可能高地向右摆腿。重复此动作数次，然后换左腿，进行相同的次数。

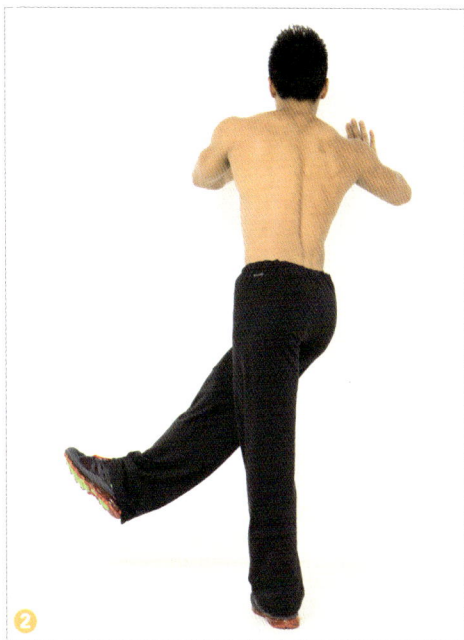

第一章 热身运动：让身体兴奋起来

脚踝绕环

此动作能够加强脚踝的灵活度。

1 左腿抬起，膝盖弯曲，大腿与地面平行。

2~3 左小腿保持不动，顺时针旋转左脚踝数次，然后再逆时针旋转相同次数。接着换右腿抬起，重复此动作。

肌肉健美训练图解

适合中国人体质的肌肉训练书

胸肌训练：
尽显宽阔的胸襟

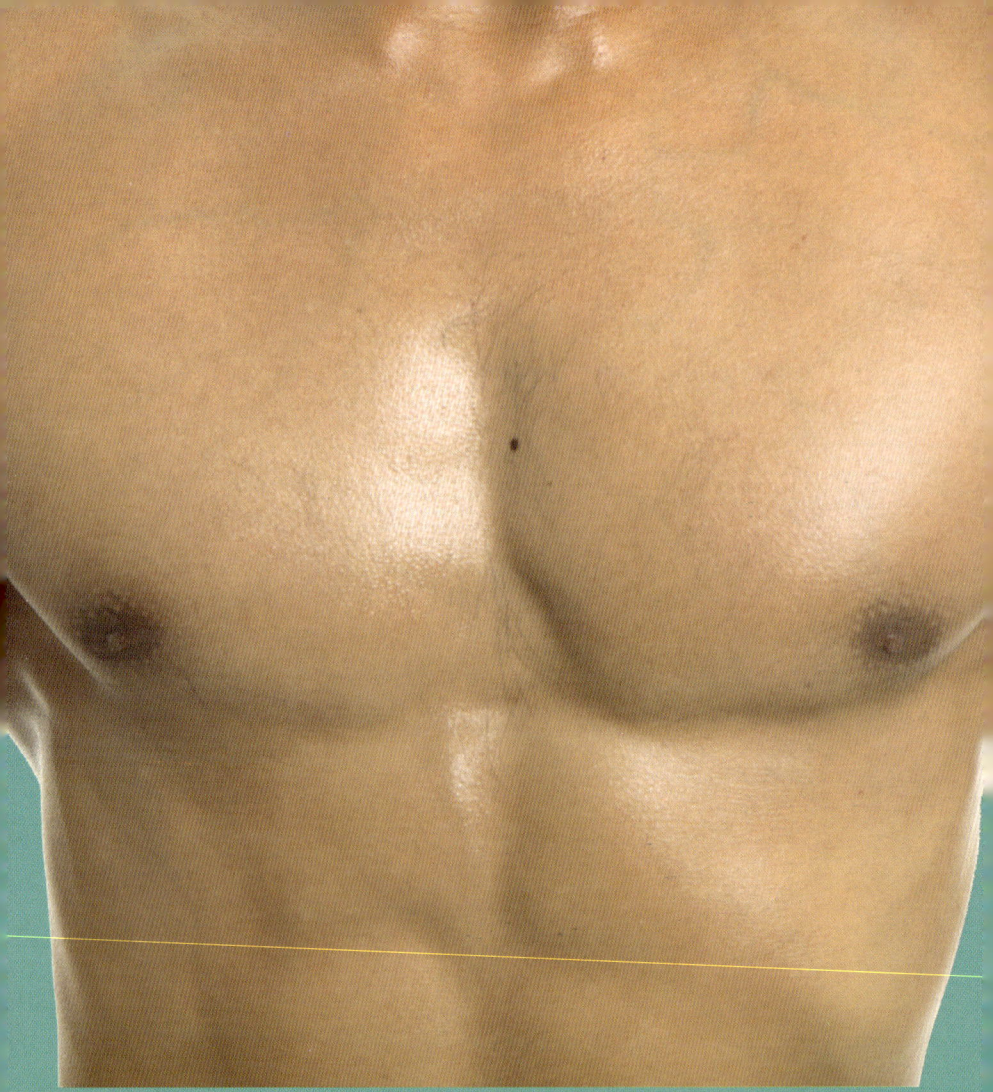

本章介绍了十余种专门锻炼胸部肌肉的方法，其中俯卧撑、胸部推举、飞鸟是锻炼胸部肌肉的三种最基本的动作。这些动作不但能够锻练胸大肌，还能够锻练上下胸部等小肌肉群，帮助塑造完美的胸部轮廓。学会这些基本动作后，可以再用它们的变化动作进行进阶式的锻练，这样就能够达到你想要的完美效果，拥有宽阔的胸膛。跟我们一起加油吧！

俯卧撑

俯卧撑主要是锻炼胸大肌，其中有些动作还能锻炼前三角肌和肱三头肌等辅助肌群。在做俯卧撑的同时，旋转肌、斜方肌、前锯肌和腹肌也会绷紧，来协助肩膀、上身和臀部的稳定。

提示：双手直接撑在地面，如果感觉手腕不适，可以取一对六角哑铃，双手各握一个哑铃的握把，做俯卧撑时注意手腕绷直。

标准俯卧撑

双腿伸直　臀部夹紧　手臂伸直

❶

臀部不得下垂

❷

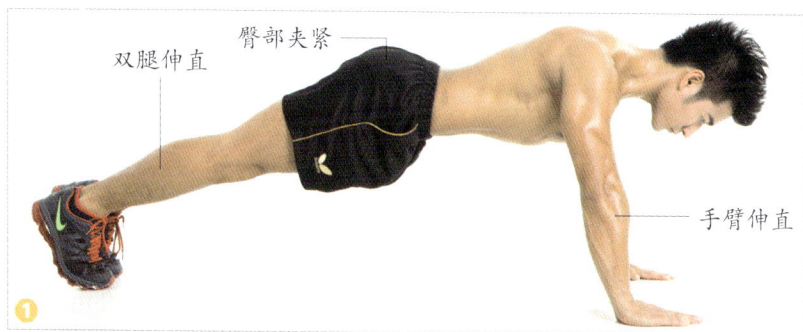

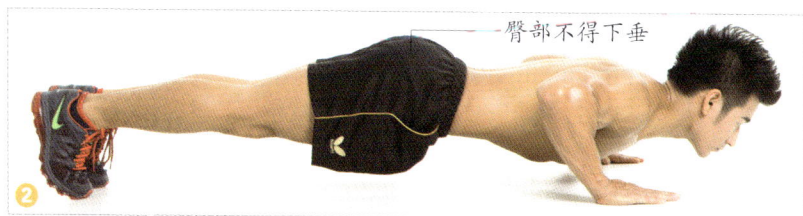

做标准俯卧撑时，相当于举起自身 75% 的体重。

1 起始姿势，双手双脚着地，双脚并拢，双手距离略比肩宽。

2 双臂弯曲，身体下沉，直到胸部贴近地面。在最低处稍稍停顿，然后快速将身体推回到起始姿势。做此动作时，臀部收紧，身体保持一条直线。

三停俯卧撑

在做标准俯卧撑的过程中，选取三个不同的角度，停顿 2 秒，能够加强
关节的力量，还能够帮助强化随意肌的薄弱处，增加肌肉的紧绷时间，
促进肌肉生长。

1 先做好标准俯卧撑
的起始姿势。

2 双臂弯曲大于 90°
处，停顿 2 秒。

3 双臂弯曲，身体下
沉到最低点处，停顿
2 秒。

4 将身体推起，双臂
未完全伸直前，停顿
2 秒。

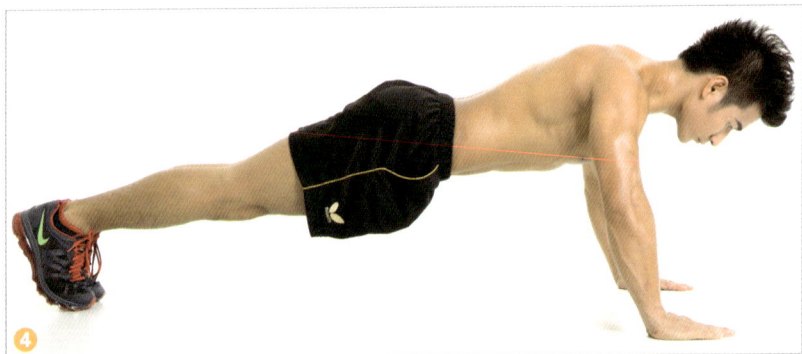

宽距俯卧撑

❶

双手距离加宽会增加肩膀的压力，但有利于胸肌的锻炼。

❷

1 起始姿势与标准俯卧撑不同，双手之间的距离为肩宽的 2 倍。

2 双臂弯曲，身体下沉至最低点，然后将身体推回到起始姿势。

窄距俯卧撑

双手靠得越近，肱三头肌——
受力越大。

1 起始姿势与标准俯卧撑不同，双手之间的距离略窄于肩。

2 双臂弯曲，双肘收于身体两侧，身体下沉至最低点，然后将身体推回到起始姿势。

单臂俯卧撑

为保持身体平衡，双脚可以分开撑地。

1 与标准俯卧撑的起始姿势不同的是，双脚距离比肩略宽，双手距离比肩略窄。一手背在身后，一手撑地，五指分开。

2 始终让肩膀与地面保持平行，尽量放低身体，再把身体推起。（注意：身体重心放在撑地手的手掌外沿，撑地的手掌要靠近胸部，身体始终呈一条直线。）

变化：可以架高双脚，或者来一个单臂俯冲。

胸部推举

胸部推举的动作多是为了锻炼胸大肌，同时也会锻炼到前三角肌和肱三头肌等辅助肌肉群，并有助于增强肩膀肌肉群的稳定度。

标准杠铃仰卧推举

手腕伸直

1 仰卧在训练凳上，双手正握杠铃，双手间距比肩略宽，双臂伸直，让杠铃位于胸部上方。

2 手臂弯曲，直线放下杠铃，停顿 1~2 秒，再将杠铃直线推起。

臀部不得抬离训练凳

肩胛骨夹紧

肌肉健美训练图解

适合中国人体质的肌肉训练书

三停杠铃仰卧推举

1 做标准杠铃仰卧推举，然后选取 3 个点，每个点各停顿 10 秒。

2 第 1 个点：低于起始姿势几厘米处。

3 第 2 个点：起始姿势与最低点的中间处，前臂与上臂弯曲约成 90°。

4 第 3 个点：最低点，靠近胸部处。最后将杠铃推回起始姿势。

第二章　胸肌训练：尽显宽阔的胸襟

肌张力杠铃仰卧推举

1 先做标准杠铃仰卧推举的起始姿势。

2 将杠铃慢慢放下，到胸部上方约 10 厘米处停住。停顿 30 秒以上，再推回起始姿势。时间可根据个人情况而定。
注意：此动作应有专业教练在旁指导。

双臂停住

肌肉健美训练图解
适合中国人体质的肌肉训练书

标准哑铃仰卧推举

1 仰卧在训练凳上，双手各握一个哑铃，双臂伸直，两个哑铃位于胸部上方。两个哑铃几乎碰在一起。

2 手臂弯曲，将哑铃放下至胸部两侧，停顿 1~2 秒，然后以最快的速度将哑铃推回起始姿势。

1

肩胛骨绷紧

双脚平贴于地

2

胸肌训练：尽显宽阔的胸襟

第一章

47

单手滑轮胸部推举

1

手臂尽量
与地面保
持平行

核心肌绷紧

2

上身保
持不动

1 双脚前后分开，站在龙门架斜前方，背对磅片，右手握住马蹄形握把，右手臂弯曲，将握把举至与肩同高。左手握拳向前伸。

2 右臂伸直，将握把推向前。左臂收回，然后慢慢回到起始姿势。完成数次后，换左手臂进行推举，并完成相同次数。

肌肉健美训练图解

适合中国人体质的肌肉训练书

飞 鸟

　　飞鸟是常见的锻炼胸大肌的健身动作，同时也会锻炼到前三角肌等辅助肌群。做飞鸟时，双臂向身体两侧分开，好像鸟儿分开翅膀要飞翔，此动作因此而得名。

标准哑铃飞鸟

1 仰卧在训练凳上，双手各握一个哑铃，双臂伸直，双手掌心向外，两个哑铃位于胸部上方，两个哑铃几乎碰在一起。

2 双臂慢慢向身体两侧展开，呈飞鸟状。直到上臂与地面平行，再将哑铃举回起始姿势。

胸肌训练：尽显宽阔的胸襟

站姿滑轮飞鸟（绳索夹胸）

❶

前腿膝盖微微弯曲

❷

下拉的位置决定所练肌肉的部位，此处重点练习上胸部。

❶双脚前后分开，站在龙门架中间，双手各握一个马蹄形握把，手臂微微弯曲。

❷手臂角度不变，将两个握把同时向下拉，直到双手碰在一起。停顿1~3秒，回到起始姿势。（注意：握把交叉的位置在肚脐上方。）

肌肉健美训练图解 适合中国人体质的肌肉训练书

第三章

背肌训练：
形成完美的倒三角

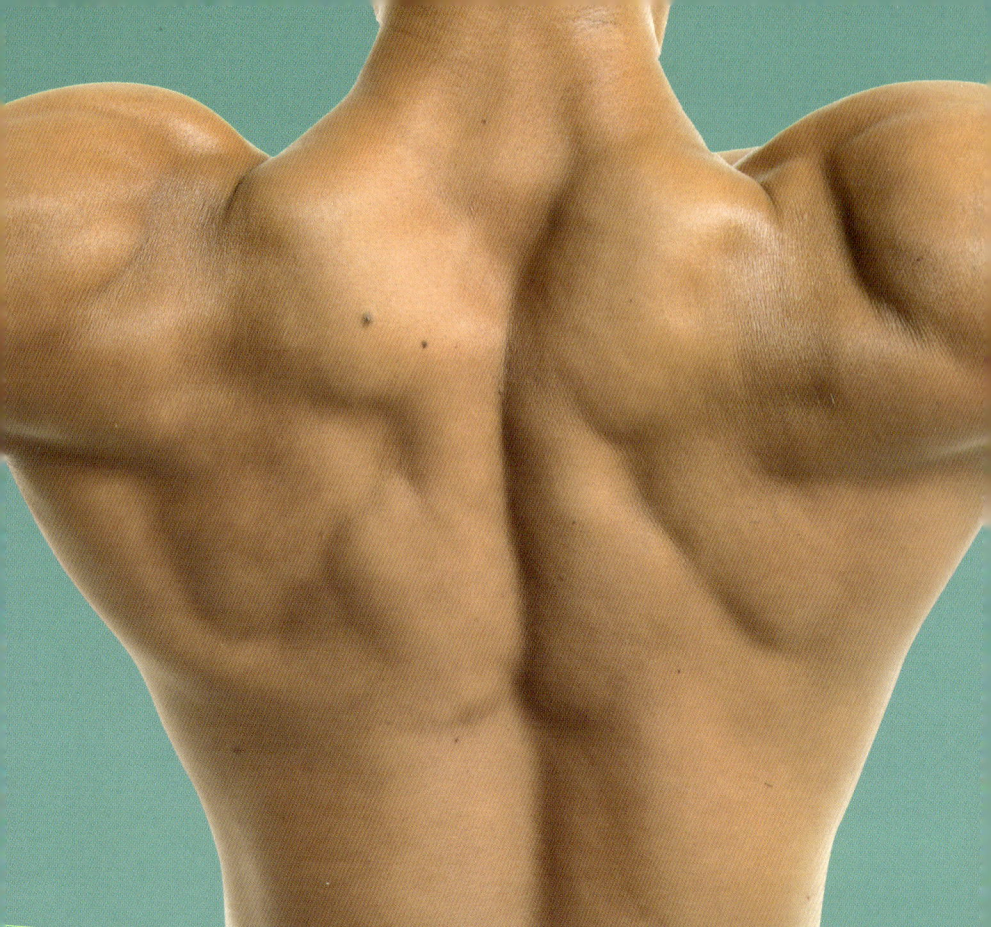

　　视觉上直观的刺激，决定了大多数男人会花更多的时间去锻炼自己正面的肌肉，如胸肌、腹肌等。所以我们常会看到一个男人有着好看的胸肌，却不一定拥有完美的背肌。但是背肌训练不到位，会使得整个身体的肌肉发展不平衡，还会引发驼背、姿势不正确等严重问题，尤其是在胸肌比背肌强壮许多时。

　　背肌训练能够矫正你的姿势，同时还能够锻炼上半身的其他肌肉，如推举和平举能够帮助锻炼肩部肌肉，引体向上和划船能够让你拥有更强壮的手臂。更重要的是，训练背肌能够更多地燃烧核心部位的脂肪，让你真正拥有完美的"倒三角"！

肌肉健美训练图解
适合中国人体质的肌肉训练书

上背肌训练

划船和平举主要是针对上背肌的锻炼，如中斜方肌、下斜方肌和菱形肌，同时还能够锻炼到上斜方肌、后三角肌和肩袖肌群等维持稳定的辅助肌肉群。

标准杠铃划船

1 双手握住杠铃，间距略比肩宽，膝盖弯曲，双臂伸直，身体向前倾，下沉至与地面平行。

2 身体姿势不变，双手将杠铃提至上腹部。停顿1~2秒，再回到起始姿势。

肩胛骨收紧

上身保持不动

第二章 背肌训练：形成完美的倒三角

正手哑铃划船

1 双手各握一个哑铃，膝盖弯曲，双臂伸直，身体微微向前倾。

掌心向后

上身保持不动

2 双臂弯曲，将哑铃提至身侧，停顿 1~2 秒后，慢慢放下哑铃。

直握哑铃上提

1 将可调式训练凳调成上斜 30°，俯卧在上面。双手各握一个哑铃，双臂伸直，哑铃垂于肩膀下方。

2 双臂弯曲，尽可能抬高上臂，将哑铃举至脸部外侧。停顿 1~2 秒后，慢慢放下哑铃。

前臂与上臂
几乎垂直

滑轮交叉平举

1 在龙门架的低滑轮处装上两个握把。站在龙门架的中间，双手各握一个握把，膝盖微微弯曲，双臂伸直，身体向前倾，下沉至与地面平行。

2 双臂向身体两侧抬起，与地面平行。停顿 1~2 秒后，慢慢回到起始姿势。

上身姿势保持不变

背阔肌训练

引体向上主要是针对背阔肌的训练，同时对大圆肌和肱二头肌也有很好的锻炼效果。对这些辅助肌肉群的锻炼，能够更好地协调动作，保持身体稳定。

正手引体向上

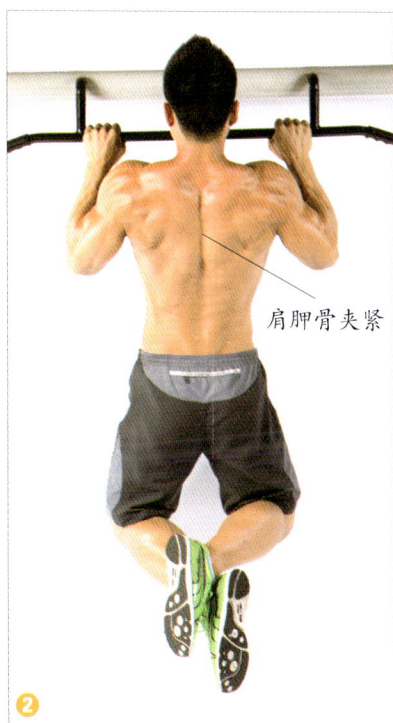

双臂伸直

肩胛骨夹紧

①

②

1 正手握住单杠，双手距离比肩略宽，身体下垂，保持紧绷。

2 用力将身体向上拉向单杠，直到上胸部接触到单杠。停顿 1~2 秒后，慢慢回到起始姿势。

背阔肌滑轮下拉

① 上身挺直

❶ 坐在下拉机下方，正手握住拉杆，双臂伸直，双手距离与肩同宽。

❷ 身体保持不动，肩胛骨夹紧，双臂弯曲，将拉杆拉至胸部。停顿1~2秒后，慢慢回到起始姿势。

背部训练增强动作

肩胛肌肉和肩袖肌肉是维持肩膀稳定与健康的关键部位，却也常常被人忽略。此处介绍的动作主要是为了锻炼这两个部位的肌肉，同时能够帮助你增强上半身的肌肉力量，矫正不良的姿势。

滑轮内拉外转

双手掌心相对

双脚分开，
与肩同宽。

❶

❷

❶ 面对磅片站好，双手分别握住绳把的两端，双臂向前伸直。

❷ 双臂弯曲，手肘分开，将绳把的两端拉向头部两侧，双手与双耳成一条直线。

仰卧滑轮下拉外转

1. 平躺在训练凳上，双手分别握住绳把的两端，双臂向上伸直。

2. 双臂弯曲，手肘分开，将绳把两端拉向头部两侧，双手与双耳呈一条直线。

双脚始终平贴于地

第四章

肩膀训练：塑造强壮的双肩

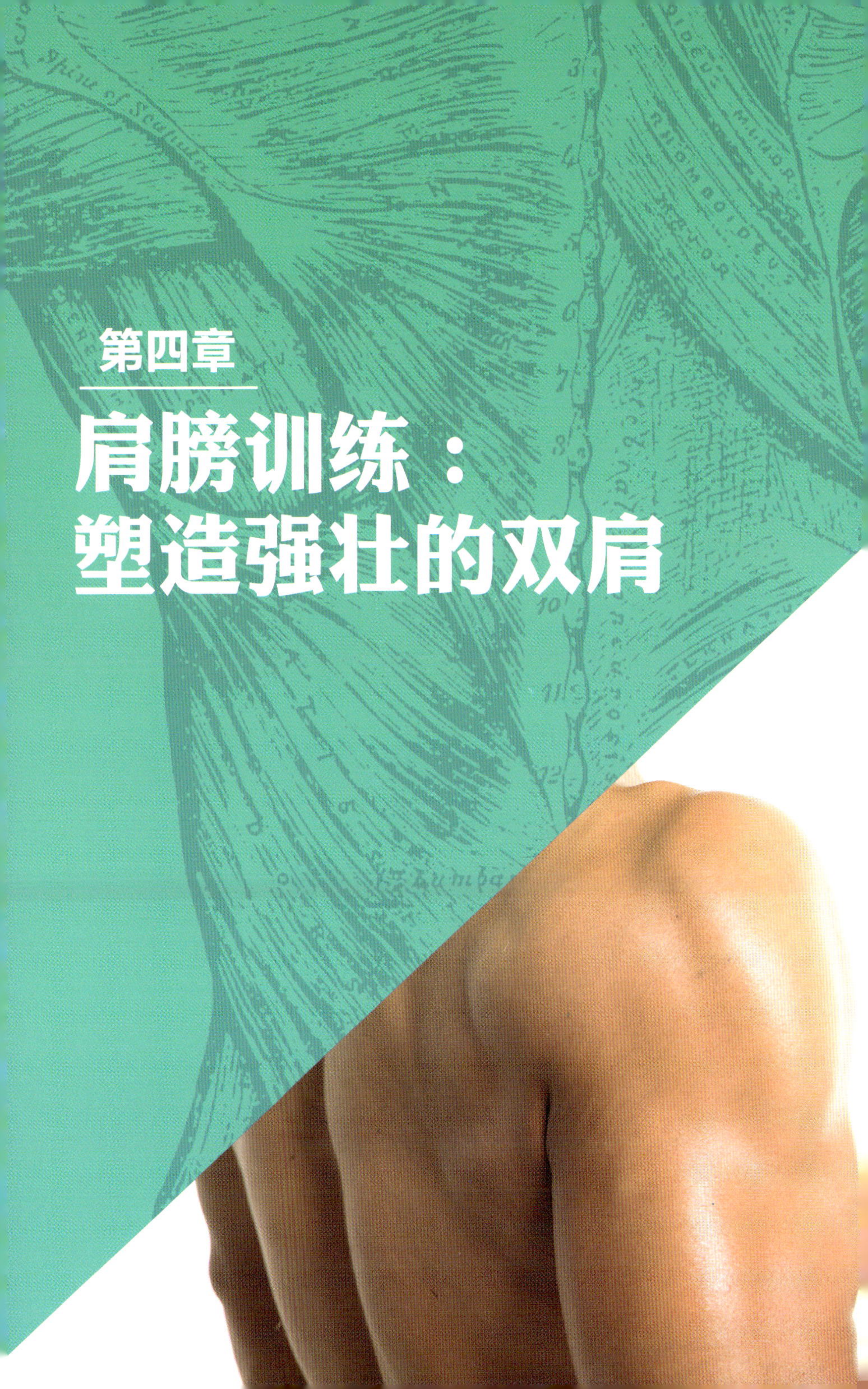

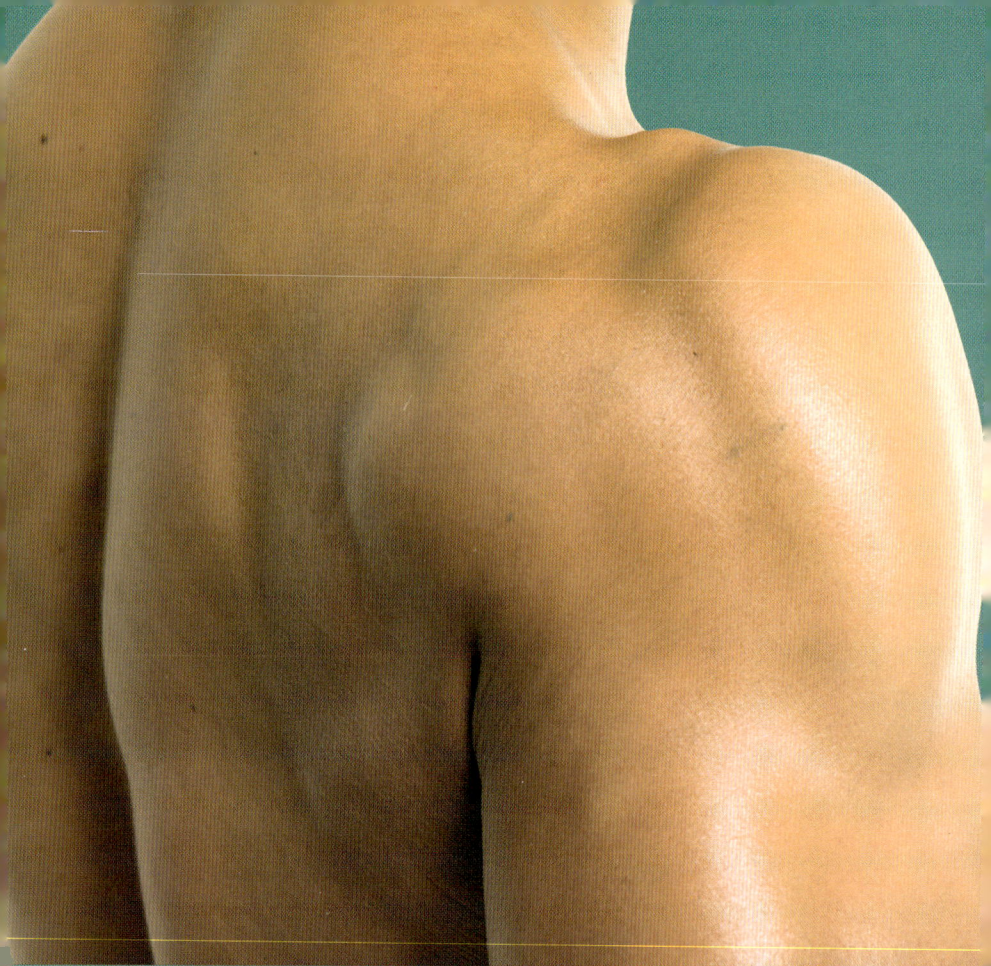

　　肩膀的肌肉训练是男士健身的关键所在，因为肩膀的肌肉能够同时协助胸肌、背肌、肱二头肌和肱三头肌的活动，还能够让上半身的所有肌肉都达到一种极致的完美：一副好肩膀能够让腰身更精瘦，手臂更灵活，背部更宽阔；让整个人更加威武挺拔。

　　肩膀是全身最容易训练的地方，因为这里不用囤积脂肪。锻炼肩膀的肌肉还能够缓解肩部疼痛，减少脱臼和肩袖撕裂等危险。你还犹豫什么呢？快快跟我们来训练，找回你挺拔的身躯和强壮的双肩吧！

推 举

推举主要是为了锻炼前三角肌、中三角肌和肱三头肌。当然，那些协助维持身体稳定的辅助肌也不能放过，在各式变化动作中，都会一一锻炼到。在此提醒那些想要举起更重杠铃的人，在做推举时不要使用靠背，这样会给肩关节带来更大的负担，严重时容易使肩部受伤。

杠铃肩上推举

核心肌绷紧

只有手臂和肩膀需要进行动作

1 双腿分开站立，与肩同宽，正手握住杠铃，双手距离比肩略宽。将杠铃举至身前，与肩同高，可以将杠杆轻靠在锁骨处。

2 身体保持直立，将杠铃高举过头，头部可以微微后倾。停顿 1~2 秒后，慢慢放下手臂，回到起始姿势。

哑铃肩上推举

核心肌绷紧

1 双脚分开站立，与肩同宽，双手各握一个哑铃，双臂弯曲，掌心相对，将其举至肩膀两侧。

2 双臂向上伸直，将哑铃举过头顶，直到双臂完全伸直。慢慢放下哑铃，回到起始姿势。

平 举

平举主要是为了锻炼前三角肌和中三角肌，本小节介绍的变化动作里会锻炼到不同的出力肌肉和辅助肌肉群，包括后三角肌、上斜方肌、肩袖、前锯肌等。

哑铃前平举

1 双脚分开站立，与肩同宽。双手各握一个哑铃，自然垂于身体两侧，掌心相对。

2 双臂直举向前，直到与地面平行。停顿 1~2 秒后，慢慢放下，回到起始姿势。

综合式肩膀平举

❶ 双脚分开站立，与肩同宽。双手各握一个哑铃，左手掌心向内，右手掌心向前，双臂自然垂于身体两侧。

❷ 双臂同时举起，左手臂向前直直伸出，右手臂向身侧伸出，即左手臂做前平举，右手臂做侧平举。直到与地面平行，停顿 1~2 秒后，慢慢放下，回到起始姿势。然后双手动作互换，即左手臂做侧平举，右手臂做前平举。

耸 肩

每次做耸肩动作时，我们的斜方肌和肩胛提肌都会得到很好的锻炼。这一小节介绍的动作是为了锻炼斜方肌、肩胛提肌和前锯肌而设的。

杠铃过头耸肩

手臂伸直，保持不动。

1 双脚分开站立，双手正握杠铃，距离为肩宽的 2 倍，将杠铃高举过头。

2 身体其他部位姿势不变，做耸肩的动作，尽可能地让肩膀向上耸。至最高点，停顿 1~2 秒后，慢慢放下，回到起始姿势。

撑椅耸肩

1 双腿弯曲，身体呈坐姿，双手撑在训练凳上，臀部悬空。

2 肩膀和背部肌肉放松，耸肩，停顿3秒，肩膀向下用力，抬起上身，回到起始姿势。

双脚始终平贴于地

肌肉健美训练图解
适合中国人体质的肌肉训练书

肩膀旋转

以下介绍的几组肩膀旋转运动，主要是为了锻炼肩袖肌肉。尤其是外旋运动，对于冈下肌和小圆肌有特别好的锻炼效果。

坐姿哑铃外旋

1 左腿曲起，坐在训练凳上，左手握一个哑铃，手肘处放在左腿膝盖上，手臂弯曲成90°，右手按在训练凳的边缘。

2 身体保持不动，手臂角度不变，前臂向上旋转，尽可能向外展，直到和地面垂直。停顿1~2秒后，慢慢放下，回到起始姿势。

单脚平放于训练凳上

69

滑轮斜举

身体挺直

掌心朝前

❶ 在龙门架的低滑轮处装上握把，左侧身体朝向磅片，右手握住握把，手臂微微弯曲，掌心朝向左侧髋部。

❷ 将握把拉向右上方，直到右手高举过头。停顿 1~2 秒后，慢慢放下，回到起始姿势。然后换另一边，重复此动作。

肩膀训练增强动作

这组训练动作是为了"健康的肩膀和正确的姿势"。先从伸展僵硬的肩部肌腱群开始，到训练前三角肌、上斜方肌和旋转肩胛骨的肌肉，最终让肩部肌肉达到生长平衡。

卧姿伸展

重点伸展此处

向左侧卧于地上，左手上臂贴在地上。右手放在左手上，轻轻将左手向下推，保持此姿势 30 秒，让左肩得到充分地伸展。然后翻身向右侧，完成右肩的伸展。

30° 哑铃平举与耸肩

1. 双脚分开，与肩同宽，双手各握一个哑铃，手臂自然垂于身体两侧。

2. 手臂弯曲角度不变，向上抬至与肩同高，双臂与身体成30°（即Y形）。

3. 手臂抬至最高处后，保持不动，肩膀向上抬起。停顿1~2秒后，慢慢回到起始姿势。

身体保持直立

肌肉健美训练图解 适合中国人体质的肌肉训练书

第五章

手臂训练：
拥有健硕的双臂

手臂肌肉是全身上下唯一可以随时展示出来的肌肉，也是上半身肌肉训练中最重要的部位，不论锻炼哪个部位都离不开手臂。手臂肌肉主要分为肱二头肌、肱三头肌和前臂肌，为了让你能够拥有肌肉分明的健硕双臂，我们专为这三个肌肉群打造了一套完美的训练动作。按我们介绍的几十种训练动作进行有计划地锻炼，不但会获得更多的力量，还能够降低运动伤害，并带动整个上半身肌肉的运动。手臂训练是让你全身都受益的训练，快快练起来吧！

肌肉健美训练图解

适合中国人体质的肌肉训练书

肱二头肌训练

训练肱二头肌主要是通过手臂弯举及其一系列变化动作来完成的。手臂弯举在锻炼肱二头肌的同时，还能够锻炼肱肌和肱桡肌等稳定肩膀的辅助肌肉群。

曲柄杠铃弯举

手臂微弯

胸部挺起

身体保持直立

❶

❷

1 双脚分开站立，反手握住曲柄杠铃，双手距离比肩略宽，将杠铃放于髋部。

2 上臂保持不动，仅手肘弯曲，将杠铃尽可能地举向胸部。停顿 1~2 秒后，慢慢放下，回到起始姿势。

健身球斜托弯举

1 跪在健身球的后方，上臂放于球上，手臂伸直，反手近握曲柄杠铃。

2 上臂贴住健身球，仅前臂弯曲，将杠铃举向肩膀。停顿 1~2 秒后，慢慢放下，回到起始姿势。

肱三头肌训练

本小节介绍的动作旨在锻炼肱三头肌，同时也能够锻炼到上背肌和后肩肌群，这些肌肉让我们的肩膀在进行各个动作时都能够保持稳定，免受伤害。

曲柄杠铃仰卧伸展

1 仰卧在训练凳上，双手正握曲柄杠铃，距离比肩略宽，手臂伸直，略向头部倾斜，与身体角度略大于 90°。

2 手臂弯曲，上臂保持不动，前臂将杠铃拉向头部上方，直到低于地面平行线，停顿 1~2 秒后，回到起始姿势。

曲柄杠铃健身球仰卧伸展

1 上半身仰卧于健身球上，臀部抬起，整个身体从膝盖到肩膀成一条直线。双手正握曲柄杠铃，距离比肩略宽，手臂伸直，略向头部倾斜，与身体角度略大于 90°。

2 手臂弯曲，上臂保持不动，前臂将杠铃拉向头部上方，直到低于地面平行线，停顿1~2 秒后，回到起始姿势。

前臂训练

本小节动作较为简单，都是专门针对前臂的训练，包括手腕伸屈肌、前臂肌群等，也会锻炼到手指的肌肉。

杠铃杆手腕弯举

1 跪在训练凳的后方，手肘和前臂放在训练凳上，反手握住杠铃杆，双手距离与肩同宽，双手悬空，手腕自然下垂。

2 身体其他部位姿势不变，手腕向上弯举，直到感觉手腕得到伸展，停顿 1~2 秒后，慢慢放下，回到起始姿势。

全身只有手腕进行动作

杠铃杆手腕伸展

前臂始终贴紧训练凳

❶ 跪在训练凳的后方，手肘和前臂放在训练椅上，正手握住杠铃杆，双手距离与肩同宽，双手悬空，手腕自然下垂。

❷ 身体其他部位姿势不变，向上抬起手腕，直到感觉手腕得到伸展，停顿1~2 秒后，慢慢放下，回到起始姿势。

肌肉健美训练图解

适合中国人体质的肌肉训练书

手臂训练增强动作

此处介绍的动作能够有效缓解肱二头肌的僵硬程度，并能够消除手臂肌肉较为薄弱的地方，让肌肉得到伸展的同时还能够促进肌肉的生长。

三头肌过头伸展

重点伸展此处

① 双腿分开站立。右手从上方伸到头部后上方，手臂弯曲，将前臂和手垂在脊椎处。

② 左手抓住右手手肘，将右手手臂轻轻向下压，直到手臂有伸展的感觉。停顿5秒，换另一只手重复相同动作。

哑铃仰卧三停伸展

1 仰卧在训练凳上，双手各握一个哑铃，手臂向上伸直，手臂与身体之间角度略大于90°。做哑铃仰卧伸展运动，并在其过程中选三个点，各停5~10秒。

2 第一个点：手臂弯曲向下约10厘米处。

3 第二个点：手臂弯曲成90°处。

4 第三个点：哑铃到达动作最低点，大约在耳朵处。

肌肉健美训练图解

适合中国人体质的肌肉训练书

第六章

核心肌训练：
练就"王"字腹肌

想要练好腹肌，我们应当先了解一下腹肌的作用。腹肌，也就是核心肌，包括腹直肌、腹外斜肌、腹内斜肌和腹横肌。当它们收缩时，可以使躯干弯曲及旋转，并可以防止骨盆前倾。腹部肌肉对于腰椎的活动和稳定度也有相当重要的作用。有专家研究表明：拥有强壮核心肌的人能够活得更久，也更有力量，而他们背部疼痛的概率也比普通人少了 30％。

稳定度运动

所谓稳定度运动就是指能够增强脊椎稳定度的训练动作，因为脊椎的稳定度和下背部的健康决定了你做其他运动时的表现，尤其是在核心肌训练中。根据下面介绍的多种动作，变化组合出最适合你的完美训练动作吧。

45° 平板支撑

上半身与上臂成90°

双脚脚尖着地，双臂弯曲，双手握拳，手和前臂放在训练凳上，承受身体的重量。身体从肩膀到脚踝呈一条直线。核心肌时刻保持紧绷的状态。坚持 30~60 秒，同时注意呼吸的节奏。

跪姿内外抬腿

1 以跪姿平板支撑的动作为起始姿势。

2 一条腿跪在地上，大腿与地面垂直，一条腿抬起，腰部不得抬起，仅核心肌绷紧，同时配合深呼吸。

3 身体其他部位姿势不变，抬起的腿再向身体外侧抬起。

4 抬向外侧的腿直直向后蹬出，直到与地面平行。

肌肉健美训练图解 适合中国人体质的肌肉训练书

旋转运动

旋转运动主要是针对腹内外斜肌的训练。所谓腹内外斜肌就是我们常说的"人鱼线"，它是全世界男性梦寐以求的性感象征。达·芬奇在《绘画论》中曾提过，人鱼线就是判定"美与性感"的指标。

俄罗斯转体

1 坐在地上，上身挺直向后倾，与地面约成 45°，双手合掌向前伸直。膝盖弯曲，双脚脚掌平贴于地。

2 腿部姿势不变，上半身尽可能向右转，两手合掌伸至右膝处。

3 停顿 1~2 秒，身体转向左侧。

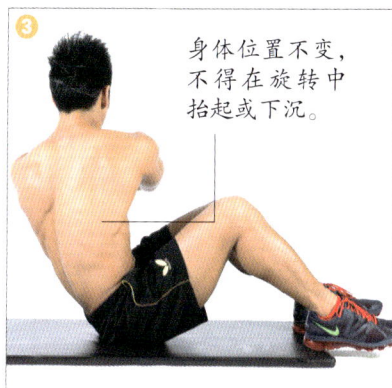

❶

❷ 核心肌绷紧

❸ 身体位置不变，不得在旋转中抬起或下沉。

第六章 核心肌训练：练就「王」字腹肌

蹬车俄罗斯转体

1 坐在地上，上身挺直向后倾，与地面约成45°，双手合掌向前伸直。膝盖弯曲，双脚悬空。

2 上半身尽可能向左转，两手合掌伸至左膝处，同时左膝弯向胸部。

3 停顿 1~2 秒，身体转向右侧，两手合掌伸至右膝处，同时右膝弯向胸部。

躯干弯曲运动

躯干弯曲运动主要包括仰卧起坐和卷腹，它们都是训练 6 块腹肌，即腹直肌的最佳动作。同时也能够锻炼腹外斜肌和腹内斜肌。不过要提醒大家的是，仰卧起坐对锻炼腹肌有极大的帮助，却容易对下背部造成伤害。对于那些下背部有伤的人来说，不要做仰卧起坐，而应该选择有助脊椎健康的稳定度运动来锻炼腹肌。

标准仰卧起坐

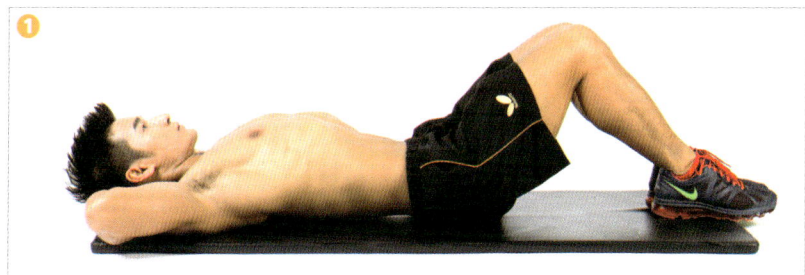

1 仰卧于地上，双腿弯曲约成 90°，双脚平放在地上（不要将双脚固定）。双手在脑后交叉，也可以轻扶耳朵。

2 核心肌收缩，身体迅速抬起呈坐姿。停顿一下，慢慢放下身体，回到起始姿势。

提示：直腿仰卧起坐会加重背部负担，容易对背部造成损害，不要轻易尝试。

双脚不要翘起来

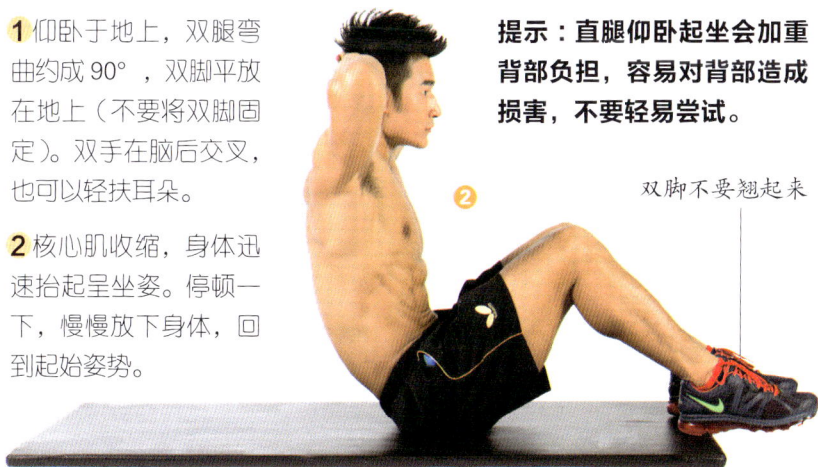

曲腿卷腹

1 仰卧于地上，双手于脑后交叉。双腿膝盖弯曲抬起，双脚上下交叠。

2 头部及肩膀微微抬起，核心肌用力，卷起腹部，腿部姿势不变。

3 停顿一下，肩膀以上部位转动，向右侧卷起腹部。双腿姿势不变。感觉核心肌紧绷，回到起始姿势，向另一侧卷起腹部。

侧弯运动

　　腰方肌是位于脊柱两侧的肌肉，负责协助身体弯向身体两侧，此处介绍的侧弯运动，在锻炼腹内外斜肌之外，还能够很好地锻炼腰方肌。本小节动作不多，但都是不容忽略的训练内容。

悬垂斜举腿

1 双手正握单杠，距离约为肩宽的 2 倍。上身挺直，双腿并拢，膝盖弯曲成 90°。

2 上半身姿势不变，右臀部带着右腿一起向身体左侧转动。

3 停顿 1~3 秒，回到起始姿势，换左臀部带着左腿转向身体右侧。

第六章　核心肌训练：练就「王」字腹肌

哑铃过头侧弯

1 双脚分开站立，距离与肩齐宽，双手各握一个哑铃，手臂伸直高举过头，手臂和肩膀成一条直线。

2~3 手臂姿势不变，上半身慢慢向身体一侧弯曲，弯到最大程度后起身回到起始姿势，再向身体另一侧弯曲。

肌肉健美训练图解

适合中国人体质的肌肉训练书

第七章

股四头肌和小腿肌训练：练出有型的双腿

在减肥和肌肉训练中，不管对于男士还是女士，股四头肌都是最难的训练部位。股四头肌的训练动作都很辛苦，而且见效不是很快，所以大家都很容易失去信心。不过，想要拥有有型、迷人的双腿线条，不吃些苦怎么可以？跟着本章精选的股四头肌训练动作坚持练习，很快你就会得到你想要的健美双腿和结实的腰腹。

本章在锻炼股四头肌和小腿肌的同时，也会重点训练腓肠肌、比目鱼肌和髋内收肌，这些肌群能够给你带来全身平衡感的大幅度提升，并能帮助你增强上半身的肌力，更重要的是，还能帮你燃烧腿部脂肪。

肌肉健美训练图解 适合中国人体质的肌肉训练书

深 蹲

深蹲被称为所有训练动作中最佳的全方位动作，既适合减肥，也适合锻炼肌肉。其主要目的是锻炼股四头肌和所有下半身肌肉，如臀肌，腿后肌和小腿肌。在锻炼的过程中让核心肌时刻保持紧绷，还能够对核心肌起到锻炼的作用。

自重深蹲

核心肌绷紧

腰部自然向前拱出

大腿下蹲至与地面平行或更低的位置

❶ 双脚分开站立，与肩同宽，手臂向前伸直，也可以双手握拳向前伸直。

❷ 双腿弯曲，身体尽可能下沉，臀部向后坐。停顿 1~2 秒后，慢慢站起，回到起始姿势。

毛巾深蹲

1 双脚分开站立，与肩同宽，双手各握住一条毛巾的一端，将毛巾拉紧，举过头顶。此时握距属于远握。

2 开始做下蹲的动作。在动作的最低点，大腿应该与地面平行。随着肩部柔韧性的增加，可以不断缩短握距。

也可以把毛巾换为长木棍

手臂伸直

上身保持挺直

弓 步

弓步，主要是为了锻炼股四头肌，同时也能够锻炼到下半身的所有肌肉，如臀肌、大腿肌、小腿肌等。

标准杠铃弓步

2 一只脚向前踏出一步，背部自然向前拱出，臀部向后坐，膝盖弯曲，身体尽可能下沉，直到大腿与地面平行，停顿 1~2 秒，回到起始姿势。此动作完成一定次数后，换另一只脚完成相同次数。

1 双脚分开站立，与肩同宽，双手正握杠铃杆，将杠铃扛在肩上。

身体保持直立，胸部始终挺起。

膝盖着地或几乎着地

标准哑铃弓步

❶

❷ 一只脚向前踏出一步，膝盖弯曲，身体尽可能下沉，直到大腿与地面平行，停顿1~2秒，回到起始姿势。此动作完成一定次数后，换另一只脚完成相同次数。

❷

胸部挺起，上身保持挺直

❶ 双脚分开站立，与肩同宽，双手各握一个哑铃，掌心相对，手臂自然下垂。

膝盖几乎着地或着地

髋内收运动

髋内收运动也叫作"腿内收运动"，关于它的训练动作不多，主要是针对位于大腿上部内侧的肌肉——髋内收肌的训练。

站姿滑轮髋内收运动

上身不要前后弯曲

1 在低滑轮处装上吊带，将带子绑在左脚踝上，身体左侧朝向磅片，双手可以叉腰，或是自然下垂，也可以扶在一个固定的物体上。左脚悬空，朝向磅片方向。

2 身体姿势不变，膝盖绷直，将滑轮从身体前方拉向身体右侧。拉到最大程度后，停顿1~2秒，回到起始姿势。换另一只脚，完成同样动作。

髋屈伸

1 上半身平躺在地上，双臂伸直放于身体两侧，双脚架在椅子上（也可以放在固定的高台上），膝盖弯曲成 90°。

2 靠腿部力量将髋部挺起，用力收紧腘绳肌和臀肌，使得大腿、髋部、腰部成一条直线。然后慢慢放低髋部，回到起始姿势。

变化： 要想挑战高难度的话，可以单腿完成此套动作，也可以在动作的最高点坚持 3~5 秒。

肌肉健美训练图解

适合中国人体质的肌肉训练书

小腿提拉

提拉小腿的训练动作，主要是为了锻炼腓肠肌和比目鱼肌，动作不多，但各个有用，千万不要忽略此练习。

站姿小腿提拉

❶

核心肌始
终绷紧

双脚脚
跟着地

❷

❶双脚分开站立，双脚脚尖放在两个重杠片上，双手正握杠铃杆，将杠铃扛在肩上。

❷踮起脚跟，尽可能将重心放在前脚尖上，停顿 1~2 秒后，回到起始姿势。

直立体前屈

1 双脚分开，与肩同宽，双手放于耳后或颈后均可。

2 向前俯身，臀部弯曲，背部挺直，双腿伸直（双膝可根据个人情况微微弯曲），向下俯身直到髋部不能再弯曲为止。坚持几秒后，回到起始姿势。

肩膀收紧，不能向下。

肌肉健美训练图解

适合中国人体质的肌肉训练书

第八章

臀肌群和腿后肌群训练：塑造结实的臀部

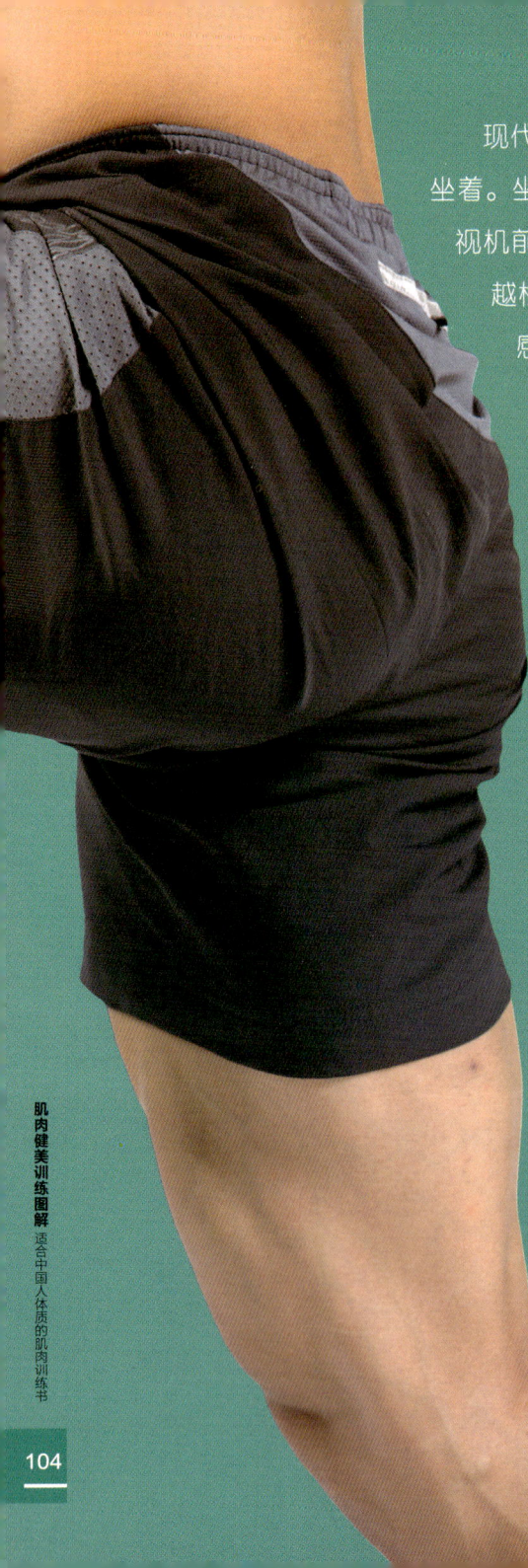

现代生活中，人们大多数时间都是坐着。坐在电脑前，坐在车里，坐在电视机前……长时间坐着会让臀部越来越松弛，看上去软塌塌的，毫无美感。如果臀部肌肉不够强壮，会给我们全身的肌肉带来一种不协调感，还可能会造成膝盖和下背部的疼痛。所以，锻炼臀部势在必行。

本章介绍的训练动作主要针对身体中最大的肌群——臀肌群，包括臀大肌、臀中肌和臀小肌；同时锻炼的还有腘后肌群。加强臀肌群和腘后肌群的训练，不但能帮助我们燃烧更多的脂肪，还能够减少脊椎的压力，稳定膝盖和韧带。更重要的是，当股四头肌和腘后肌发展平衡时，就能够减少 70% 的运动伤害。

抬臀运动

　　抬臀运动，主要是为了锻炼臀肌群和腿后肌群，为保持身体的稳定，有些动作还能够锻炼到核心肌群和下背肌群。可以说，抬臀运动是很好的核心肌训练动作。

标准抬臀运动

1 仰卧在地上，双腿弯曲，脚掌平贴于地面。双臂向身体两侧分开，掌心向上。

2 臀部抬起，双脚抵住地面，身体其他部位姿势不变，直到从肩膀至膝盖呈一条直线。停顿 5 秒，回到起始姿势。

垫健身球抬臀运动

1 仰卧在地，小腿放在健身球上。双臂向身体两侧分开，掌心向上。

2 臀部抬起，双脚放在健身球上，身体其他部位姿势不变，直到从肩膀至膝盖呈一条直线。停顿5秒，回到起始姿势。

屈膝硬拉

屈膝硬拉又称屈膝硬举，是全身重量训练中必不可少的动作之一。它主要是为了锻炼臀肌群和腿后肌群，同时也能够锻炼核心肌、股四头肌和背肌群。虽然动作简单，变化不多，但每个动作都能给你带来意想不到的效果。

标准杠铃硬拉

1 将杠铃放在地上，靠近双腿胫骨处，正握杠铃杆，双手距离比肩略宽。身体前倾，双腿弯曲下蹲，抬起头部、胸部和臀部，直到手臂完全伸直。

2 下背部保持挺直，臀部向前用力，双手握着杠铃，站起身，停顿一下，慢慢放下杠铃，回到起始姿势。

身体站直，杠铃尽量靠近身体。

第八章 臀肌群和腿后肌群训练：塑造结实的臀部

单腿杠铃硬拉

1 将杠铃放在地上，靠近双腿胫骨处，正握杠铃杆，双手距离比肩略宽。身体前倾，一只脚的脚背架在训练凳上，一条腿弯曲撑地，抬起头部、胸部和臀部，直到手臂完全伸直。

2 下背部保持挺直，臀部向前用力，双手握住杠铃起身，双脚位置不变。停顿一下，慢慢放下杠铃，回到起始姿势。交换双脚的位置，重复此动作。

直立硬拉

直立硬拉与屈膝硬拉锻炼的部位差不多，区别在于直立硬拉能够锻炼到下背肌肉，还能够改善腿后肌的弹性，这是其他动作很难做到的。不过在做直立硬拉之前和之后，千万记得要伸展腿后肌群。

标准杠铃直立硬拉

1 双脚分开站立，与肩同宽，双手正握杠铃杆，距离比肩略宽，手臂自然下垂，将杠铃放于髋部。

核心肌绷紧

2 膝盖弯曲角度不变，身体向前倾，尽可能下沉，直到与地面几乎平行。停顿 1~2 秒，回到起始姿势。

第八章 臀肌群和腿后肌群训练：塑造结实的臀部

单腿杠铃直立硬拉

1 一只脚站立，另一只脚向后抬起，双手正握杠铃杆，距离比肩略宽，手臂自然下垂，将杠铃放于髋部。

2 前腿膝盖微微弯曲，身体向前倾，尽可能下沉，直到与地面几乎平行。抬高的脚也随身体而抬高，保持身体平衡。停顿 1~2 秒，回到起始姿势。

髋部外展运动

在臀部肌肉群，有一些支持髋关节外展的肌肉，主要是臀中肌，本节介绍的几组动作就是专门为锻炼这些肌肉而设计的。

弹力带侧抬腿

1 向左侧躺于地上，双腿伸直。左手臂弯曲，头枕于其上，右手平放于身侧。在双脚脚踝处套上弹力带。

2 身体其他部位姿势不变，左腿始终贴地，右腿尽可能向上抬高。到最高点，停顿 1~2 秒，回到起始姿势。伸展数次后，换另一侧，重复动作，完成相同次数。

站姿滑轮髋外展

1 在低滑轮处装上脚踝吊带，将吊带绑在右脚踝上，右脚在左脚前交叉，双腿伸直。身体左侧朝向磅片，左手扶在龙门架上。

2 ~ 3 双腿始终伸直，右腿尽可能向外侧打开。停顿 1~2 秒，回到起始姿势。伸展数次后，换另一只脚，重复动作，完成相同次数。

第九章

放松运动：
使身体免受伤害

为了保持健美的身材，为了让肌肤充满光泽与弹性，为了让身体健壮挺拔，为了让疾病离我们远些再远些，我们毫不犹豫地选择了健身。然而，不要以为只要跳跳操跑跑步就会美梦成真。

事实上，健身与运动的过程只是实现你这些美好愿望的第一步，接下来你需要做的一切，才是为健身画上圆满句点的关键。运动后正确的放松不仅能让你的身体感到更轻松，还能清体排毒，使减肥事半功倍。

每次健身后都是大汗淋漓、疲惫不堪，真想立刻躺下，好好歇一阵。然而你可知道，那样做并非恢复体力的最佳方式。正确的做法是要做积极性恢复。何谓积极性恢复？积极性恢复指运动后的整理活动、物理和机械的放松与按摩、适当补充维生素、心理放松等。它有助于人体由激烈的活动状态转入正常的安静状态，使静脉血尽快回流心脏，加快整个机体的恢复，防止出现急性脑贫血、血压降低等现象。

总而言之，结束后的放松运动至关重要，它可以使身体免受伤害。

抬手伸翻

此动作能够增强肩膀和上背部的灵活度。

1 双腿并拢跪在地上，膝盖、小腿、脚背着地，手肘、前臂及手掌贴地，双臂弯曲呈 90°。头部尽量靠近膝盖。

2 右手向前方滑出，直到右手臂完全伸直。

3 右手掌心向上翻转。

4 尽可能地抬高右臂。坚持 2~3 秒，放下。交换左臂，重复以上动作。

仅手臂动作，头部不得站起。

弯腰上伸

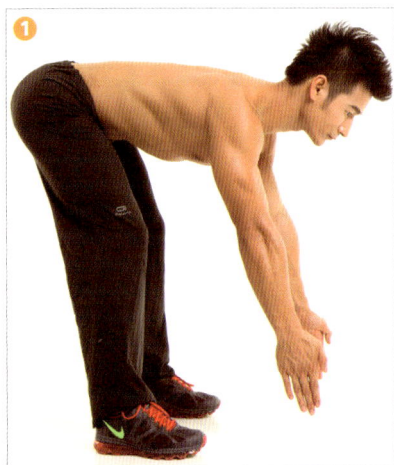

此动作可以加强上背部的灵活度。

1 双脚分开，与肩同宽，膝盖弯曲，身体前倾，背部挺直，让上半身与地面几乎平行。双手手臂向下伸直，掌心相对。

2 身体向右旋转，右手臂笔直向上伸出。停顿 1~2 秒，回到起始姿势。

3 交换手臂。身体向左旋转，左手臂笔直向上伸出。停顿 1~2 秒，回到起始姿势。想要增加难度，旋转时可以用指尖碰触地面或鞋子。

双臂伸直呈一条直线

反弓步后伸

身体转
向前脚
的方向

此动作能够增强臀部与上背部的灵活度，并协调臀部和肩膀的肌肉。

1 身体站直，双脚分开，与肩同宽，双臂自然垂于身体两侧。

2～3 右脚向后退出一大步，身体下沉，左膝盖弯曲呈 90°。双手高举过头，向左肩膀后上方伸出。交换左脚，如此反复交替进行。

117

俯卧臀部内转

此动作能够放松大腿外侧的肌肉和臀部的肌肉。

1 俯卧在地上，双手放在脸部下方，双腿并拢，膝盖弯曲呈90°。

2 大腿以上部位不动，双腿尽可能大地向两侧分开。停顿1~2秒，回到起始姿势。

大腿始终贴地，小腿及膝盖摆动。

上下肩膀伸展

此动作可以放松肩旋转肌，加强肩膀的灵活度。

双脚分开，与肩同宽，右手从头部伸向后背，左手从下方伸向后背，两手交扣。坚持 10~15 秒。双手放开，位置互换。

变化：双手后伸不能扣在一起，可以拿一条毛巾作为辅助，双手各抓住毛巾的一端。